문학과지성 시인선 199

불쌍한
사랑 기계

김혜순 시집

문학과지성사

문학과지성사에서 펴낸 김혜순의 시집

또 다른 별에서(1981)
아버지가 세운 허수아비(1985; 개정판 1994)
우리들의 陰畵(1990; 개정판 1995)
나의 우파니샤드, 서울(1994)
달력 공장 공장장님 보세요(2000)
한 잔의 붉은 거울(2004)
당신의 첫(2008)
슬픔치약 거울크림(2011)
피어라 돼지(2016)
어느 별의 지옥(2017, 시인선 R)
날개 환상통(2019)
지구가 죽으면 달은 누굴 돌지?(2022)

문학과지성 시인선 199
불쌍한 사랑 기계

초판 1쇄 발행 1997년 6월 10일
초판 12쇄 발행 2023년 9월 20일

지 은 이 김혜순
펴 낸 이 이광호
펴 낸 곳 ㈜문학과지성사
등록번호 제1993-000098호
주   소 04034 서울 마포구 잔다리로7길 18(서교동 377-20)
전   화 02)338-7224
팩   스 02)323-4180(편집) 02)338-7221(영업)
전자우편 moonji@moonji.com
홈페이지 www.moonji.com

ⓒ 김혜순, 1997. Printed in Seoul, Korea

ISBN 978-89-320-0915-5 03810

이 책의 판권은 지은이와 ㈜**문학과지성사**에 있습니다.
양측의 서면 동의 없는 무단 전재 및 복제를 금합니다.

문학과지성 시인선 199
불쌍한 사랑 기계

김혜순

시인의 말

시는 말씀이 아니다. 말하는 형식이다.
그러므로 장르는 운명이다.
나는 시라는 장르적 특성 안에 편안히 안주한 시들은 싫다.
자기만의 형식이 없고 목소리만 있는 시들도 싫다.
나는 시라는 운명을 벗어나려는, 그러나 한사코 시 안에 있
으려는, 그런 시를 쓸 때가 좋았다. 그 팽팽한 형식적 긴장이
나를 시쓰게 했다.

양수막 속에서 튀어나오려는 태아처럼.
자루에 갇힌 고양이처럼.

1997년 6월
김혜순

불쌍한 사랑 기계

차례

시인의 말

I

쥐 9

눈물 한 방울 10

青色時代 12

타락천사 14

백마 17

傷寒 18

소나기 속의 운전 20

일사병 22

핏덩어리 시계 24

미라 27

내가 모든 등장인물인 그런 소설 1 28

내가 모든 등장인물인 그런 소설 2 31

내가 모든 등장인물인 그런 소설 3 32

연옥 34

코끼리 부인의 답장 36

시인과 육체파의 등산 38

현기증 40

39도 5부 42

너와 함께 쓴 시 2 44

지워지지 않는 풍경 한 장 46

月出　48
쿠스코에서의 사진 한 장　50
한라산 장마, 입산 금지　52
달　54
길을 주제로 한 식사 3　56
박물관 온데간데없고　58
블루의 소름 끼치는 역류　60
겨울 나무　62
수족관 밖의 바다　64
길을 주제로 한 식사 5　66

II
환한 걸레　71
나의 너에 대하여　72
이 밤에　74
길을 주제로 한 식사 4　76
궁창의 라면　78
고리타분한 시인과 발랑 까진 애인　80
서울 2000년　82
사탕　86
길을 주제로 한 식사 1　88
나는 고것들을 고양이라 부르련다　90
다시, 나는 너희들을 뮤즈라 부르련다　92
네 겹의 텍스트 안으로 들어가기　95
비에 갇힌 불쌍한 사랑 기계들　98
서울의 저녁 식사　100
참혹　102

빙의 104
불타는 절집 한 채 106
버스 기다리며 듣는 잠실야구장 관중석의 12가지 함성 109
너희들은 나의 블루스를 훔쳐 달아났지 113
토요일 밤에 서울에 도착한다는 것 114
서울 쥐의 보수주의 116
The Rat Race 118
사일런트 나이트 홀리 나이트 120
아침을 읽는 법 122

해설
망가진 이중 나선·정과리 124

I

쥐

 환한 아침 속으로 들어서면 언제나 들리는 것 같은 비명. 너무 커서 우리 귀에는 들리지 않는. 어젯밤의 어둠이 내지르는 비명. 오늘 아침 허공중에 느닷없이 희디흰 비명이 아 아 아 아 흩뿌려지다가 거두어졌다. 사람들은 알까? 한밤중 불을 탁 켜면 그 밤의 어둠이 얼마나 아파하는지를. 나는 밤이 와도 불도 못 켜겠네. 첫눈 내린 날, 내시경 찍고 왔다. 그 다음 아무에게나 물어보았다. 너 내장 속에 불켜본 적 있니? 한없이 질량이 나가는 어둠, 이것이 나의 본질이었나? 내 어둠 속에 불이 켜졌을 때, 나는 마치 압핀에 꽂힌 풍뎅이처럼, 주둥이에 검은 줄을 물고 붕 붕 붕 붕 고개를 내흔들었다. 단숨에 나는 파충류를 거쳐 빛에 맞아 뒤집어진 풍뎅이로 역진화해나갔다. 나의 존엄성은 검은 내부, 바로 이 어둠 속에 숨어 있었나? 불을 탁 켜자 나의 지하 감옥, 그 속의 내 사랑하는 흑인이 벌벌 떨었다. 이 밤, 창밖에서 들어오는 헤드라이트 불빛에 내 방의 상한 벽들이 부르르 떨고, 수만 개의 아픈 빛살이 웅크린 검은 얼굴의 나를 들쑤시네. 첫눈 내린 날, 어디로 가버렸는지 흰 눈은 하나도 보이지 않고, 창밖으로 불 밝힌 집들. 밤은 저 빛이 얼마나 아플까.

눈물 한 방울

 그가 핀셋으로 눈물 한 방울을 집어올린다. 내 방이 들려 올라간다. 물론 내 얼굴도 들려 올라간다. 가만히 무릎을 세우고 앉아 있으면 귓구멍 속으로 물이 한참 흘러들던 방을 그가 양손으로 들고 있는 것 같은 착각이 든다. 그가 방을 대물 렌즈 위에 올려놓는다. 내 방보다 큰 눈이 나를 내려다본다. 대안 렌즈로 보면 만화경 속 같을까. 그가 방을 이리저리 굴려본다. 훅훅 불어보기도 한다. 그의 입김이 닿을 때마다 터뜨려지기 쉬운 방이 마구 흔들린다. 집채보다 큰 눈이 방을 에워싸고 있다. 깜빡이는 하늘이 다가든 것만 같다. 그가 렌즈의 배수를 올린다. 난파선 같은 방 속에 얼음처럼 찬 태양이 떠오르려는 것처럼, 한 줄기 빛이 들어온다. 장롱 밑에 떼지어 숨겨놓은 알들을 들킨다. 해초들이 풀어진다. 눈물 한 방울 속 가득 들어찬, 몸 속에서 올라온 플랑크톤들도 들킨다. 그가 잠수부처럼 눈물 한 방울 속을 헤집는다. 마개가 빠진 것처럼 머릿속에서 소용돌이가 일어난다. 한밤중 일어나 앉아 내가 불러낸 그가 나를 마구 휘젓는다. 물로 지은 방이 드디어 참지 못하고 터진다. 눈물 한 방울 얼굴을 타고 내려가 번진다. 내 어깨를 흔드는 파도가 이

어둔 방을 거진 다 갉아먹는다. 저 멀리 먼동이 터오는 창밖에 점처럼 작은 사람이 개를 끌고 지나간다.

青色時代

파리로 날아가기 전 바르셀로나의 피카소는 청색 시대를 난다
하늘과 바다가 멧돌처럼 맞붙어
갈아낸 푸른 가루가 식구들 위로 풀풀 날린다

오늘 일 끝내고 이불을 끌어올리면
바다를 오래오래 구워
내 뼈를 만들어주신 하나님이
나를 또 바다로 부르시네

뭉글뭉글 피어오르는 바다 나무 한 그루
바다 나무 이파리들이 바다 커튼처럼
커튼을 걷고 안으로 걸어 들어가면

저 세월의 바다에 잠긴 내 푸른 사진들
푸른 이끼 퍼진 얼굴이 껴안은 푸른 내 애인

퍼내도 퍼내도 푸른색은 퍼지지 않아
(이불을 들썩거리며 돌아누우며)

누가 저 바다를 꺼다오
수천 개의 수상기들이 철썩거리는 소리
내 애인에게 푸른 옷 입히는 소리
꺼다오

(내 뼛속 어딘가 그 어딘가 아직도
출렁거리는 바다 있어
쉴 새도 없이
상영중인 바다가 있어)

피카소는 어떻게 뼛속의 바다를 건너
장밋빛 시대의 암술 속으로 들어갈 수 있었을까
그는 어떻게 뼛속의 바다를 건넜을까

타락천사

1
이 몸의 스크린만 찢고 나면
내 몸에서 홀로그램이 터져나온다
그리고 나는 너에게 갈 수 있다
내가 직접 가지 않아도
나는 여기 있고, 또 거기 있을 수 있다

A는 B에게, B는 C에게, C는 D에게, D는 A에게
달려가서 환하게 터지고 싶어!
너무나 괴로운 나머지, 괴로움도 잊은 B!
밥 먹던 사람들을 향해 38구경을 들이대고
순식간에 빈 밥그릇에 피가 낭자한 화면!
그 화면을 향하고
비상구 하나 없는 몸통들이
두 눈 부릅뜨고 가득 앉아 있다

2
 남자에게 차 안에서 여자가 말한다. 토마토 케첩을 몸에 뿌리고 총 맞은 사람처럼 쓰러져 행인들을 놀래키는 C 있잖아. 그 행동은 가짜지만, 뭐가 있긴 있어. 고독하다

든가 뭐 그런 거. 왜 안 터지지? 그런 거. 몸통이 너무 부담스러워 하면서 몸을 비비꼬는 거 말이야, 그랬더니 남자는 뭐 자기는 벌써부터 그런 느낌으로 살아오고 있대나! 그래서 5분만 한자리에 앉아 있으면 몸이 비비꼬인대나 어쩐대나. (들은 척도 안 하고) 여자는 또 아무도 없는 한밤중에 문닫은 남의 상점에 들어가 강제로 손님에게 물건 팔고, 머리 감기고 그러는 C 있잖아. 남의 상점에 불켜놓고 상점도 마음이 있다고 떠들면서 말이야. 그건 Z, 그 사람이 자기 영화에 대해서 말하는 걸 거야. 어두운 극장에 불켜놓고 남의 물건 자꾸 진열하는 영화 말이야. 그랬더니 남자는 또 그래 나라는 자동차(마음) 안에 니가 들어와 앉은 거랑 같은 상황이지, 하면서 가죽 벗은 돼지 마사지 하는 C, 남의 남자 침대 위에서 두 다리 비비꼬는 D, 까만 스타킹 빵꾸 난 거, 정말 죽여주더라, 나도 그런 요염한 여자가 맨날 나 없을 때 와서 내 방 청소해준다면 얼마나 짜릿할까 그런다.

3
모든 영화는 말한다
현대판 천사는 마피아(대문자로 씌어진)들이라고

마피아의 빽줄이 있어야 밤에도 환한 상점을 거머쥘
수 있다라고
　동서양의 영화는 또 말한다
　현대판 천사는 우리의 예정된 죽음 앞에 미리
　검은 상복을 입어주는 예의바른 분들이라고
　이 일엔 감정이 없어야 해! 당당히 말하며
　총부리를 들이대는 고마운 분들이라고
　오늘 나의 일용할 천사님들은
　블루, 화이트, 브라운, 오렌지, 핑크라는 가명을 쓰는
　다섯 까마귀였다
　이놈들아 깨부술 테면 빨리 빵꾸내줘라

　(바닷속에서 물방울이 하나 터져나오려고
　바다 전체가 일렁이며 몸부림치듯
　몸통 속에서 눈물이 한 방울 터져나오려고
　수천의 거북이떼 뱃속에 알을 품고
　바다를 급히 달려나와 모래 언덕을 까맣게 오르고
　차창 밖으로 빗방울 하나 툭 떨어졌다)

백마

갑자기 내 방안에 희디흰 말 한 마리 들어오면 어쩌나 말이 방안을 꽉 채워 들어앉으면 어쩌나 말이 그 큰 눈동자 안에 나를 집어넣고 꺼내놓지 않으면 어쩌나 백마 안으로 환한 기차가 한 대 들어오고 기차에서 어두운 사람들이 내린다 해가 지고 어스름 폐가의 문이 열리면서 찢어진 블라우스를 움켜쥐고 시커먼 그녀가 뛰어나오고 별이 마구 그녀의 발목에 걸린다 잠깐만 기다려 해놓고 빈집에 들어가 농약을 마시고 뛰어나온 그녀는 뛰어가면서 몸 속으로 들어온 백마를 토하려 나무를 붙들지만 한번 들어온 말은 나가지 않는다 말의 갈기가 목울대를 간지르는지 울지도 못하고 딸꾹질만 한다 말이 몸 속에서 나가지 않으면 어쩌나 그 희디흰 말이 몸 속에 새긴 길들을 움켜쥐고 밤새도록 기차 한 대 못 들어오게 하면 어쩌나 농약이 성대를 태워버려 지금껏 말 한마디 못 하고 백마 한 마리 품고 견디는 그녀에게 물으러 가야 하나 어쩌나 여기는 내 방인데 나갈 수도 들어올 수도 없게스리 말 한 마리 우두커니 서 있으니 어쩌나

傷寒

꽃무늬 벽지에서
꽃줄기들이 쏟아진다

지친 물고기 화석처럼
내 뼈가 방바닥에 새겨진다

이미 죽은 나를 내가 오래 지켜본다

네가 한장 한장 보도 블록을 깔았던
몸 속 길들이 터진다

진물이 쏟아져 흐른다
몸 밖으로 보도 블록이 솟아오른다

고개 숙이고 걸어가던 그림자는 또르르 말려
몸 속 깊이 쌓인다 자꾸 쌓인다

내 입술 모양을 기억하는 건
저 설거지통 속의 은수저뿐이다

내 별자리마저 설거지통 속에 빠져버렸다
쥐가 한 마리 입 속 길로 드나든다
아니다 한 마리가 아니다

지하도를 오르던 머리, 떨어지고, 또 떨어지고
머리가 구들장 속에 자꾸만 파묻힌다

소나기 속의 운전

나는 이제 미라처럼 가슴도 말라 슬픔을 마실 기력도 없어 물냄새만 맡아도 진저리가 쳐져

붉은 꼬리 길게 남기며 자동차들은 물 웅덩이를 힘차게 넘어가는데 나는 왜 지금 혼자 땡볕 속에서 안데스 산맥을 넘어가나 서녘 하늘 타오르는 불모자 속에서 새는 왜 날아나오나 리마 박물관의 미라는 죽어서도 왜 젖은 얼굴을 하고 있었나

밤이 와도 여전히 내 자동차의 와이퍼는 씩씩하게 이마에 찬 물수건을 걸어놓는데 나는 왜 아직도 너무 높아 풀 한 포기 자랄 수 없는 안데스 산맥을 넘어가나 이 산맥은 왜 이리 넘어도 넘어도 끝이 없나 미라는 왜 아직도 메마른 가슴을 양팔로 안고 있나 미라의 열 손가락은 빚어지다가 잠시 멈춘 점토처럼 왜 젖어 있나

자동차 보닛 위로 물로 만든 왕관처럼 비꽃들 황급히 피어났다 스러지고 또 황급히 세워지는데 자동차는 왜 엎어진 물잔처럼 이렇게 서 있나 길모퉁이 우두커니 가다 말고 서버렸나 미라는 왜 뜨거운 눈보라 꺼지지 않는 안데스를 넘다 말고 머리를 옆으로 수그리고 가만히 있나

나는 왜 폐어처럼 숨을 뻐끔거리면서 같은 몸 속에서 이리도 오래 살았나 이 무거운 원피스 밑에서 한숨 쉬나 두 눈은 뜨고 있나 감고 있나 비 세차게 쏟아지는 날 저녁, 왜 이리도 광막한 안데스 산맥이 내 앞에 자꾸만 자꾸만 펼쳐지나

일사병

잠긴다
뙤약볕 속에 잠긴다
뙤약볕 물결치는 속에 잠긴다
뙤약볕 물결치는 속에 잠겨가는데 무슨 소린가 들린다
뙤약볕 물결치는 속에 잠겨가는데 무슨 소린가 들리다가
안 들리다가 다시 들린다
부드럽게 끓는 모래를 흔들며 고백하는 듯한 목소리
천년 전서부터 내가 듣고 싶었던 그 목소리
뙤약볕 물결치는 속에 잠겨가는데 무슨 소린가 들리다가
안 들리다가 다시 들리다가 다시 안 들린다
눕는다
뙤약볕 바닥에 눕는다
차디찬 뙤약볕 바닥에 눕는다
너무 뜨거워서 차디찬 뙤약볕 바닥이 땀을 흘린다
차디찬 뙤약볕 바닥이 흘리는 땀은 칼날 같다
차디찬 뙤약볕 바닥이 흘리는 칼날 같은 땀 중에서도 보이지도

않을 만큼 작은 칼날이 내 귀를 두드린다
 찢어질 듯한 고막을 찢어지지 않게 노크하는 소리
 멀리서부터, 멀리서부터, 메아리처럼 저 멀리서부터
두드려오던 소리
 받아들여달라고, 받아들여달라고, 받아들여달라고
 너무 가늘어서 불쌍한
 바늘 같은 손길을 내미는 소리

 눈뜨자
 내 귓속에서 뛰쳐나오는 까마귀떼
 눈알 속으로 부리를 들이미네

핏덩어리 시계

내 가슴속에는 일생을 한번도
쉬지 않고 뚝딱거리는 시계가 있다
피를 먹고 피를 싸는
시계가 있고, 그 시계에서 가지를 뻗은
붉은 줄기가 전신에 퍼져 있다
저 첨탑 위의 시멘트 시계를 둘러싼
줄기만 남은 겨울 담쟁이처럼

나는 너의 시계를 한번도
울려보지 못했다 그리고 누구도
내 핏덩어리 시계를 건드리지 않았다
참혹한 시계에게도 생각이 있을까
백년은 짧고 하루는 길다고 누가
나에게 가르쳐준 걸까

태양 시계를 쏘아보다 기절한 적도 있지만
바닷속으로 시계를 품은
내 몸통을 던져버린 적도 있지만
어떤 충격도 어떤 사랑도

이 시계를 멈추진 못했다

각기 출발한 시각이 다르므로

각기 가리키는 시각도 다른 우리 식구 셋이

식탁에 둘러앉아 묵묵히 시계에 밥을 먹이고 있다

우리 중 누구도 시계를 풀어

식탁 위에 놓지 않았다, 아직

아아, 안간힘 다해 나는 너를

사랑한다고 너의 귀에 대고 말해본다

네 시계까지 들리라고, 네 시계를 울리라고

큰 소리로 말해본다

그러나 내가 너를 사랑한다는 말

네가 나를 사랑한다는 오후 세시의

뚝딱거리는 말, 정말일까?

우리는 우리의 시계까지 들어가본 적이 없다

시계 밖으로 일진 광풍이 일자

겨울 담쟁이 붉은 줄기들이

우수수 몸 속에서 바람에 흔들리고

내 눈에 눈물 고인다

잠시만이라도 내 시계 바늘을 멈추어볼 수 있니?
이 바늘 없는 시계를 네 품에 안을 수 있니?
네 가슴속에 귀를 대보면
핏덩어리 시계 저 혼자 쿵쿵 뛰어가는 소리
시간 맞춰 잘도 울린다

미라

나는 죽어서도 늙는다

나는 죽어서도 얼굴이 탄다

만약 한 사람의 일생을 지구 한바퀴 도는 것에 비유할 수 있다면
나는 지금 사하라에 있다

폐경의 바다가 다 마르고
조개들이 타오른다

걸음을 옮길 때마다
내 손목을 잡던 수천의 손가락들이
발바닥 밑에서 뜨겁게 부서져 밟힌다

감싸안은 누더기들이 부서져 날린다
감은 눈 온다

내가 모든 등장인물인 그런 소설 1

 나는 내가 모든 학생인 그런 학교를 세울 수 있지. 쉰 살의 나와 예순 살의 내가 고무줄 양끝을 잡고, 열 살의 내가 고무줄 뛰기 하는 그런 학교. 이를테면 말이야. 지금의 내가 기저귀 찬 나에게 엄마 엄마 이리 와 요것 보세요 말을 가르칠 수도 있고, 여중생인 나에게 생리대를 바르게 착용하는 법도 가르칠 수 있을 거야. 어쩌면 열 살인 내가 예순 살인 나에게 인생이란 하고 근엄하게 가르칠 수 있을지도 몰라. 또, 이를테면 말이야, 나는 또 내가 모두 등장인물인 그런 소설도 지을 수 있지. 실연당하고 미친 듯이 농약을 구해온 열아홉 살 나와 네가 싫어 그랬다고 우리집 담을 도끼로 부수던 남자를 바라보는 스무 살의 내가 함께 나오는 그런 소설도 지을 수 있을 거야. 이런 소설은 어때? 열 살의 나와 예순 살의 나에게 겸상으로 우리 엄마가 밥상 차려주는 그런 소설. 결혼 전의 내가 공원에 앉은 지금 나의 뺨을 때리고, 일흔 살의 내가 뺨 맞은 나를 위로해주는 그런 소설 말이야.

 불 다 꺼진 한밤중의 공원 벤치
 나는 지금 가방을 열었어

일 년 삼백육십오 일 하고도 곱하기 삼
밥상 당번하는 거 지겨워 사춘기 소녀 식모처럼
징징거리면서 오늘밤 나는 가출했거든
그런데 무심코 가방을 열자
수많은 나와 가출해 추위에 떠는 내가 동시에 만나버린 거야

저기 봐, 저기 가방에서 나온 내 머리통 하나
그네 위로 높이 떠올랐잖아?
가슴엔 수놓인 손수건을 달았어
부처 얼굴이 무서워 포교당 유치원을 탈출했어
아니, 잘못 봤어 그보다 몇 년 뒤야
물 없는 우물에 빠져 소리지르고 울 때야
저기 봐, 또 저기
가로등 위로 풀빵을 사든 내가 지나가잖아
할아버지 몰래 금고에서 동전을 꺼냈어
저 발 아래 물웅덩이엔
내 무릎 사이로 발가벗은 귀여운 내가 기어오네
쭈쭈 아가 이리 온, 맛있는 젖 먹여줄게

일흔 살의 내가 마흔인 나를
위로하느라 가로수 사이 불어제치네
흰 머리칼 다 풀어지고 이마엔 땀이 맺혔어
내 몸에서 나온 나의 할머니들과
나의 딸들이 달로 뜨고 별로 뜨고
나뭇잎 잎잎마다 바람으로 불어제쳤어

한밤 내내 나는 나에게서 불을 쬐고 앉아 있었다
그 중에서도 어머니에게 안겨 젖 빠는
가장 어린 나에게서 오오래 불을 쬐었다
일흔 살 먹은 나의 껍질뿐인 젖무덤을 더듬기도 했다
보름달 아래 겨울 가출이 아주 따뜻했다
식어가는 화로 하나 껴안은 것처럼

내가 모든 등장인물인 그런 소설 2

겨우내 들러붙었던
동사, 형용사, 부사
다 떼어놓고
투피스 탁탁 털어
세탁소 간다
동현세탁소 천장엔
잘 다려진 主語들이
비닐을 쓰고 걸려 있다
먹어치운 물처럼 기억은 사라져도
노래는 남는 법!
병아리떼 쫑쫑쫑 놀고 간 뒤에
미나리 파란 싹이 돋아났어요
主語도 없이
숨쉬는 이 물체 밖으로
(연초록 병아리떼 가득 차오르는 저 산!)

내가 모든 등장인물인 그런 소설 3

밤마다 잠들려 하면
나는 아이 하나 껴안는다
아직도 태어나지 않은 아이
얼굴도 이름도 지어지기 전의 나
그 아이를 깨우지 않으려 나는 조용히 말한다
지난해에 든 감기가 아직도 낫지 않아요
나는 그 아이에게 들어간다
태어날 때부터 지금까지 한 발자국도 크지 않은 아이
새파란 아이
아직도 '내'가 아닌 아이
황인종도 아니고 맏딸도 아니고 더구나 김혜순도 아닌 아이
지구를 박차고 솟아올라
아직도 젊은 별, 푸른 불꽃 그 자체인 아이
우리 엄마 뱃속에서 아직도 눈 못 뜬 아이
나 죽어도 살아 있을 그 아이

밤마다 잠들려 하면
한 노인이 웅크린 나를 껴안는다
낮에는 자고
밤에는 깨어 있는 그 노인이 나를 껴안는다

태반처럼 살갖 주름 사이마다
죽음을 재운 징그러운 그가
한밤내 나를 껴안고 내려다본다
그가 나에게로 들어온다
그의 얼굴 속에서 이미 지구는
지구의 시간을 다 살아내었다
한없이 늘어진 젖무덤 속에서
봄 여름 가을 겨울은 수억만 번 흘렀고
산맥들은 자신들의 리듬을 다 연주했다
이름도 얼굴도 삭아버린 그 노인
너무도 늙어 여전히 어린 아기인 그 노인
나 죽어야 비로소 죽을 그 노인
그것이 나를 끌어안는다

우리는 세 개의 숟가락처럼 포개져
베개 위에서 얼굴을
함께 돌리기도 하고
무서워 무서워
가운데 끼인
마흔 넘은 내가 이를 갈기도 한다

연옥

중문 해변에서 낮술 마시고 들어와
밤까지 내처 잤나?
눈을 감아도 떠도 여전히 암흑이다

여기가 어딘가
이곳은 거울 속 세계처럼
빛은 어둡고 어둠은 벨벳처럼 밝다
어두운 창밖의 바다는 은쟁반보다 단단하다
태양은 검고 별도 검다
이곳 사람들은 죽음으로 인생을 시작하고
태어남으로 인생을 마감한다
나는 죽음과 태어남의 중간 지점 어딘가에 누워
숨 가쁜 하품을 해치웠다
여기가 어디인가
연옥은 내 몸 속으로 잠입해 눈뜨는 것인가보다
몸 속에서 눈을 뜨니 머릿속 한가운데
소용돌이치는 검은 심연이 떠 있고
어둠을 빨아들이는
활화산이 염통쯤에서 무너져내린다

나는 손을 뻗어 벽을 만져본다
벽은 검은 뼈 조롱 속에
물컹거리는 내장을 담아들고
옆으로 비스듬히 누워 있다
이 벽은 수만 가지 동작을 삼킨
시간 주머니처럼 비밀이 많다

안간힘 다해 일어나 스위치를 올린다
입 안부터 불이 켜지자
빛은 어둡고 어둠은 밝은
연옥이 몸 속으로 오그라붙는다
모든 외부를 몸 속에 품은 내가
거울 밖 세상을 두리번거린다
다시, 여기는 어디인가

코끼리 부인의 답장

네가 보내온 편지에 대한 답장으로
코끼리 한 마리 풀어보낸다
얼마나 증오가 깊어야
두 눈동자 사이
미간에서 팔이 돋아나
통나무 둥치 같은 것
마구 감아올리게 되는지

맷돌 같은 어금니로 무시무시한
웃음을 갈아 삼키면서
탱크처럼 아무거나 밟아 터뜨리고
꿈틀거리는 것이면 무엇이건
감아올리게 되는지

얼마나 절망이 깊어야
몇날며칠 머리를 받치고
눈물을 받던
잿빛 베개가 두 귓가에 들러붙어
펄렁거리게 되는지

네가 보내온 편지에 대한 답장으로
사방에서 날아오는 소문의 화살이
귀찮아 죽겠다는 듯
두 베개를 연신 펄렁거리는
코끼리 한 마리 풀어보낸다
코끼리 발자국 닿을 때마다
글자들이 마구 지워진다

다시 또 얼마나 숨 막고 기다려야
앙다문 입술 밖으로 불현듯
불멸의 상아가 치솟게 되는지
글자들의 숲속에 구멍 뺑뺑 뚫린다

이제 눈물 방울 얼룩진 편지를 찢어버리런다
그리고 창문 열어 코끼리처럼 딱딱하게
들어찬 잿빛 연기도 날려보내런다
아, 그러나 이 뾰족한 상아를 입가에 매단 채
어떻게 거리로 나가지?

시인과 육체파의 등산

 시인과 육체파는 오늘 저녁 등산 가기로 한다. 초입은 평평하다. 시인은 간단히 등산쯤이야 했지만 오를 수록 돌이 많다. 시인은 주르르 미끄러진다. 육체파가 흐응 고 것도 못 오르고 하면서 시인의 밑에서 킁킁거린다. 시인은 오를수록 숨이 차다. 둘의 숨이 마구 뒤섞인다. 시인은 쉬어가자고 조른다. 육체파는 덥다고 군청색 하늘을 활짝 벗어제친다. 그리고선 춥지? 춥지? 시인의 얼어붙은 귀를 깨물어버린다. 시인은 이 산은 인심도 없나, 인심, 하면서 터지려는 염통을 내려놓으려 하지만 길은 자꾸 가파르고, 등산 경험이 많은 육체파는 아직 내려놓지 마! 겨우 여기서 하산하면 올라오지 않음만 못 해 숨찬 시인을 독려한다. 둘이 싸우다 말고 쳐다보니 주름지며 숨 가쁘게 달려오던 능선이 약수터 하나 터뜨려놓았나보다. 둘은 사이 좋게 약수를 마신다. 약수를 마시고, 약수를 흘린다. 약수가 번진다. 약수가 발 아래 얼어붙어 미끄럽다. 이제 시인은 완전히 지쳐서 정상은 무리야, 산은 한꺼번에 삼켜지는 게 아니야, 숨쉬기와 걷기의 리듬이 엇갈려, 이건 시가 될 수 없어 했지만 골짝골짝 모양을 다 외우고 있는 육체파는 전망이 얼마나 좋은데 여기 와서 포기해? 하면서 태양의 허리띠를 주르르 풀어놓는다. 하늘 한쪽에 석양이 풀어지고, 시인의 가쁜 숨 속에 느닷없이 삼천부처봉안기념삼천배정진철야기도회라고 써붙인 절집 세 채가 떠오른다. 풍경 소리 딸랑딸랑 들리고, 시인은 육체파를 더듬으며 감격스럽게 운다. 우리, 여기 불켠 절집까지 온 거야, 시인은 감격, 감격한다. 그래도 육체파는 눈을 감고, 두 손을 늘어뜨린 채 아직도 삼천배 정진이 남았다고 시인의 목을 물어뜯는다.

현기증

왜 이리 신호가 안 바뀌지?
횡단보도 앞에 멈춰서 있으려니
누군가의 시선이 길 건너편 은행 빌딩
검은 유리창에 매달려 있다
한참 마주 째려보니 그게 바로 나다
저 뻐딱하게 선 여자가 바로 나로구나 하고
있는데 까만 그랜저가 지나가고
또 내가 거기 미끈거리는 차체에 들러붙어 있다
왜 이리 신호가 안 바뀌지?
횡단보도 옆 은행나무 잎들이 부르르 떤다
햇빛 받은 이파리 한잎 한잎 수정 거울 같다
징그러워라 거기 잎잎이 노란 거울에
내가 매달려 떨고 있다
다시, 그러나 고개 들어 쳐다보니 아, 푸른 거울!
저 하늘이 미끌미끌하다
입술을 대니 비릿하다
그 누군가의 동공 같다
그 푸른 동공 위에 확대경 같은
태양을 갖다 대고 누군가

나를 눈부시게 째려보고 있다
신호가 바뀌자 횡단보도 위로
내 사랑하는 검은 거울, 그림자가 나를 이끈다
그때 지나가던 사람이 내 검은 거울 상판때기에다
꽁초를 휙 던진다
이게 도대체 누구의 어항 속이냐?
거울 미로에 빠진 사람처럼 오늘 난 눈을 뜰 수가 없다
눈길 가는 데마다 전부 나다

39도 5부

햇빛 속에 늙은 여자 호박 하나 걸어간다
호박 속으로 한 사람이 들어온다
그 사람이 호박 속을 홍두깨로 민다
노랗고 붉은 섬유질의 방이 천지 사방으로 넓어진다
그 사이로 포크레인이 한 대 아른아른 지나간다
여름 한낮이 꿀 넣은 호박 속처럼 짙다

호박 속에는 127개의 씨가 있다
127개의 씨 속에는 127개의 호박이 들어 있다
그 호박들 속에는 다시 127개의 씨가 들어 있다
다시 그 씨 속에는 127×127×127×127개의 호박이 들어 있다
머릿속에서 노오란 원자 호박탄이라도 터졌나
누가 내 머릿속 이 끈적거리는 전화선들을 걷어줄 건가

김씨가 작두 아래 늙은 호박을 넣고 퍽퍽 쪼갠다
소 여물 줄 거라 한다
호박 속처럼 끈적끈적한 폭염 속
그 호박 속 사람들이 나가지 않는다

127×127×127×127들은 마음대로 들어오는데
나는 마음대로 들어갈 수도
퍽 퍽 쪼개어 내 소에게 여물 먹일 수도 없다
호박이 속 검은 씨들을 악물고 막무가내 익어간다

너와 함께 쓴 시 2
—— 1994년 5월 4일의 편지

나는 내가 살다 나온 어항을 밖에서 쳐다봤어요. 팔을 뻗으면 팔이 접혀져 내게로 다시 돌아오던 어항을요. 왜 그날 나는 어항 밖에 서 있게 되었을까요? 나는 살아 있는 거울처럼 어항을 쳐다봤어요. 일생 동안 몸을 내리누르던 어항을요. 1999년, 온몸에서 물이 흘러내렸어요. 흡사 내 몸은 수영 풀에서 금방 몸을 건진 사람 같았어요. 옷 밖으로 몸이 줄줄 녹아내렸어요. 어항을 무릎 사이에 묻고 울기도 하였어요. 어항은 점점 미끈거렸어요. 남의 얼굴 같았어요. 그러다 내 어항에서 당신 얼굴이 빠져나오더니 눈알이 증발하고, 내 손에서 당신의 두개골이 무너져 반죽된 밀가루처럼 뼈부스러기들이 녹아내렸어요. 나는 내 무릎 위에서 금간 어항처럼 두개골이 우는 걸 봤어요. 2029년이 지나고 **몇 년 후**에 가슴이 대낮의 사막처럼 타오르기도 하였지요? 아침에 일어나면 당신이 내 가슴의 창문을 드르륵 열고 뜨거운 모래를 마구 뿌렸었지요. 입을 열면 메마른 안개꽃이 쏟아지곤 했었잖아요? 그런 일이 있고 또 몇 년 후, 2048년이던가요? 어항을 들고 얼음 바다를 건너갔었어요. 걷다 보면 얼음 밑 바닷속에서 얼음 숫말이 일어서고 핏줄 속으로 눈보라가 치기도 하였었지요? 그 일이 있고 또 **몇십 년이 흐른 뒤엔** 어항 밖 흰 탁자보를 검게 물들인 무언가 썩은 냄새 한 뭉치가 여전히 어항 속을 들여다보고 있었을 거예요, 아마.

지워지지 않는 풍경 한 장

잠이 물 찾는 개구리처럼
뇌수 속에서 규칙적으로 뛰는 밤이었다

죽은 줄만 알았던 고향이
내게로 걸어왔다
벙어리들이 마당의 햇빛 사이로 줄지어 걸어가고
아름드리 벚꽃 나무 사이에 나는 고무줄을 높이 걸었다
고무줄을 향해 물구나무선
내 치마는 빛으로 만든 치마였다
누군가 피리를 불었다
피리 소리는 봉우리를 향해 봉우리를 향해
치달았다 그러다가 가장 높은 산봉우리 위에
머물고만 있었다
그 보이지 않는 소리 속에서 낮인데도 별이 떨어졌다
빛으로 만든 치마가
검은 고무줄을 훌쩍 일곱번째 뛰어넘었다
서울 병원에서 죽은 할아버지가
집으로 돌아오는 중이었다
아줌마들이 부엌에서 불을 피워놓고

죽은 귀신들을 튀기고 있었다
이번엔 구장 아저씨가 튀겨질 차례였다
집을 울리는 높은 소리는 여전히 거기 있었고
해는 마당을 하얗게 납땜하고 있었다

물 찾던 개구리가 잠 밖으로 뛰어나가고
나는 습관적으로 안경을 더듬어 쓰고
고향 마당을 두리번거렸다

月出

밤하늘이 시꺼먼 우물처럼 몸을 숙였다
그 속으로 별들이 떨어져갔다
무한정 떨어지고 떨어져갔다
저 멀리서 여자의
치마 끝자락이 하늘 우물까지
당겨져 올라갔다
파도의 검푸른 옷자락도
숨막혀 숨막혀 뛰어올랐다
여자의 몸이 하늘 우물 속으로 치솟아
더 높게 더 높게 공중으로
떨어져갔다

새들은 잠 깨어 어두운 나뭇가지에 앉아 있었다
그 중 한 마리가 비명을 내지르자
밤의 살이 찢어지고 비릿한 피가 새어나왔다

여자의 몸이 활처럼 휘고
뜨겁게 젖은 뿌우연 살덩어리가
여자의 숲 아래로 고개를 내밀었다

파도의 검푸른 옷자락이 여자를 덮어주었다
여자는 지금 마악 낳은 아기를 배 위로 끌어올렸다
땀 젖은 저고리를 열고 물컹한 달을
넣은 다음 고름을 묶고 젖을 물렸다
기슭 아래 밤의 나무들이 그제야
푸르르 참았던 한숨을 내쉬었다

쿠스코*에서의 사진 한 장

 우리는 눈을 반쯤 감고 있다. 햇빛이 한 움큼씩 우리의 눈꺼풀을 내리누르고 있다. 우리 곁에 인디오 여자가 데리고 선 라마만이 눈을 번쩍 뜨고 카메라를 응시한 모양이다. 사진 속 라마의 눈만 검고 크다. 그 눈 속으로 난 길로 한 줄기 어둠이 빨려 들어가고 있지만 그 밖의 사물들은 모두 투명하다. 우리의 옷도 조금씩 투명해져가는 모양, 김선생님의 감색 사파리 재킷이 하얘지다 말고 멈춰 있다. 라마가 눈을 껌뻑 하자 하늘과 땅이 갑자기 수억만 개의 경첩을 열어버린 듯. 순간 우리들 발이 지상으로부터 몇 센티씩 들려 올라가고, 발 아래로 수억만 개의 푸르게 짓뭉개진 하늘이 만발한다. 그 순간, 나에겐 몸 속에 난 어둠의 길들은 증발하고 없다. 높은 곳의 희박함이 깊은 곳의 질척거림을 버리게 했나? 모두 입을 벌린 채 얼이 빠진 듯. 다시, 사진 속 라마가 그 긴 속눈썹을 하나씩 일일이 열자 '적이 쳐들어왔어요,' 전갈을 들고 안데스 산정을 누비고 뛰던 잉카 병사, 그 발 아래 펼쳐졌던 실오라기 산길이 라마의 깊은 눈 속으로 빠져든다. 슬며시 우리들이 다시 반쯤 눈을 감는다. 하늘과 땅이 일제히 경첩을 닫는 소리. 옷매무새를 고친 각자의 얼굴에 몸 속으로 난 어두운 길이 한없이 새겨지고. 계면쩍은 듯 모두 카메라 앞을 떠난다.

* 잉카 제국의 수도였던 페루의 도시로 해발 3,400미터 산중에 위치함.

한라산 장마, 입산 금지

머나먼 소의 몸 속에서 둥그런 달이 떠올랐다

 어둠을 횃불처럼 치켜든 제주 당골이 한라산 영실 숲속을 비 맞고 오르고 있었다
 ―저 비 위에 먹구름 있고, 저 먹구름 위에 보름달 있제? 비행기 타고 봉께 알겠더만.

 박수 당골이 든 보따리 속에 북어가 진분홍 종이 꽃다발을 들고 서 있었다

 돛단배를 몰고 아스팔트를 달려가는 혼령들이 자꾸 눈에 띄었다

 당골의 붉은 치맛자락이 구름 높이 떠오르더니, 한참 후 보이지 않았다
 ―니캉 내캉 같은 일 하는 사람이랑께!

 당골이 젖은 내 어깨를 힘센 남자처럼 껴안았다
 당골이 불러낸 일곱 살 먹어서 죽은 그녀의 동생과 떨

어져버린 내 아기가 밤새 빗줄기 타고 하늘로 오르다 떨어져 보채곤 했다

    내 기억의 집 유리창들이 아픈 풍경화를 담은 채
    한장 한장 덜컹거리며 깨어졌다

    비 맞은 과꽃이 안간힘 다해
    바닥에 떨어져
    깨어진 유리창 조각을 닦으려 했다

    경을 외던 당골이 제 푸른 한복 치마를 덮고
    돌바닥에 누운 나를 여며주곤 했다

    목이 툭 꺾이는 닭을 타고 내가 아침 햇살 속으로 입산
금지가 해제된 숲을 벗어날 때까지
    흰 천막이 거대한 북처럼 울렸다

달

텅 빈 운동장에
나 혼자 공을 치고 있다
밤바람의 발자국이 나뭇잎 한잎 한잎
그리고 또 한잎
일일이
디뎌주고 있을 때
텅 빈 운동장에
공 치는 소리
텅 텅 울리고 있다

나 빠져나간 너를
텅
텅

나는 공을 던져 그물 바스켓 속에!

너를 던져
높이!

너는 내가 입김 불어넣어 만든 허방이었나?

나 오늘밤
네 얼굴
공중에 묶어두려고

공을 던져올리면 바람도 나를 던져올리나?
바람이 나를 던져올려
텅 텅 칠 때마다
구멍 난 내 얼굴 가죽도
팽팽히
당겨지는 것 같다
오호라, 그렇다면 나도 그 누가 입김 불어 만든,
그런 허방이었나?

텅 빈 밤하늘에
누군가 팽팽한 달을
손바닥으로 치는 소리
텅
텅

길을 주제로 한 식사 3

저 멀리 바닷속 어딘가가 가려워
벌써 몇천번째 식사 준비인지
식탁 위에 도마 위에 생선을 올려놓고
칼로 머리를 내리쳐 탁자 위에 누운 나에게서 해골을 떼어내
저 멀리 바닷속 거기 순간적으로 암전
식탁 위 도마 위 몸 속의 길들을 꺼내면
흐린 등불 아래 꽃핀 벽지 같은
바닷속 우리의 방이 소리없이 무너져
도마 위로 피가 슬쩍 번져
무너진 방은 치욕의 스캔들일 뿐이야
입 속에 손가락을 넣어 아가미를 꺼냈어
막무가내 침묵에 손가락을 넣어 토하게 하고 싶어
이번엔 칼등으로 비늘을 긁어낼 차례야
두 귀를 간지럽히던 우리 물 속 길이 조각조각 흩어져
내 몸 속으로 또 내가 달려와서
마구 문을 들이받고 있나봐
가슴속이 폐차장이 된 거 같애
몸 속이 과속으로 늙는 것 같애

칼을 잘 못 놀렸어 비늘이 부엌 바닥에 마구 튀어
창자를 꺼냈어 껍질도 벗길까
뭔가 깊이 생각한 것도 아닌데 살마저 저며내버렸어
어떡하지 산산조각이 나버렸으니

박물관 온데간데없고

가을 남산 올라가네 수업 일찍 끝내고
케이블 카나 탈까 우산 말아 짚고 남산 올라가네

일진광풍 몰아쳐 나뭇잎들 우수수
떨어지고 한 회오리 나 데리고 박물관 들어가네

이 박물관은 초상화 박물관인가봐
구부리고 웃으며 흔들리는, 잠깐 돌아서는, 유리 속에 갇힌

유화 물감 듬뿍 묻힌 나이프를 눕혀
붕대처럼 풀리는 내 애인의 얼굴을 급히 잡아낸

일어선 머리, 주머니에 집어넣은 손, 뭉그러진 얼굴
다리가 아프도록 돌아보는 초상화 관람 끝이 없네

갑자기 빗방울 후두두 떨어지고, 박물관 온데간데없고
우산 밖 저 멀리 거친 터치로, 날리는 피 묻은 붕대

뚝뚝 떨어지는, 우수수 날리는, 발자국 밑에 쏠리는 이파리들. 나 케이블 카 지나 한참 더 왔네

블루의 소름 끼치는 역류

수영장, 눈물 속을 헤엄치는 것 같다. 온몸으로 눈물이 줄줄 흘러내린다. 몸을 공기중으로 솟구칠 때마다 몸이 녹아내린다. 이럴 때가 있다. 눈물이 안에서 밖으로 나가지 않고, 느닷없이 밖에서 쳐들어올 때가 있다.

바람 속, 내가 바람 공중에 솟구쳐오를 때마다 몸이 바람에게 몸 내어준다. 미루나무가 바람에게 몸 내어주듯, 나는 원래 바람이었나.

다시 수영장, 그의 눈이 터진다. 나를 바라보던 날마다의 눈동자들이 터져 흐른다. 나는 터져버린 시선의 홍수 속에 물안경을 고쳐 쓰고 첨벙 뛰어든다.

어항 속, 그들이 어항 속에서 껴안고 있다. 유리 속에서 뺨이 짓뭉개진다. 팔을 뻗칠 수 없으리라. 내 시선이 점점 그들을 좁혀 들어간다. 시선이 어항을 옥죈다. 그들은 눈조차 뜰 수 없다. 판유리가 껴안은 그들을 내리누르는 듯. 이미 죽은 내가 유리를 들고, 한없이 두 팔에 힘을 쏟으며. 이것 봐라 판유리만큼 커진 내 눈동자를.

질투하는 사람으로서의 나는 네 번 괴로워하는 셈이다. 질투하기 때문에 괴로워하며, 질투한다는 사실에 자신을 비난하기 때문에 괴로워하며, 내 질투가 그 사람을 아프게 할까봐 괴로워하며, 통속적인 것에 노예가 된 자신에 대해 괴로워한다. 나는 자신이 배타적인, 공격적인, 미치광이 같은, 상투적인 사람이라는 데 대해 괴로워하는 것이다. (롤랑 바르트, 『사랑의 단상』)

또다시 수영장, 내 가슴속 저 밑바닥에 비 오는지 그 속에 사는 고기가 꿈틀한다. 밖의 고기떼들이 안의 고기를 따라 전속력으로 움직인다. 전속력으로 달리던 자동차가 한 대, 빗길에 빙그르르 돈다.

겨울 나무

나뭇잎들 떨어진 자리마다
바람 이파리들 매달렸다

사랑해 사랑해
나무를 나무에 가두는
등 굽은 길밖에 없는
나무들이
떨어진 이파리들 아직도
매달려 있는 줄 알고
몸을 흔들어보았다

나는 정말로 슬펐다. 내 몸이 다 흩어져버릴 것만 같았다. 나는 이 흩어져버리는 몸을 감당 못 해 몸을 묶고 싶었다. 그래서, 내 몸 속의 갈비뼈들이 날마다 둥글게 둥글게 제자리를 맴돌았다. 어쨌든 나는 너를 사랑해. 너는 내 몸 전체에 박혔어. 그리고 이건 너와 상관없는 일일 거야, 아마.

나는 편지를 썼다
바람도 안 부는데

굽은 길들이 툭툭
몸 안에서
몸 밖으로
부러져나갔다

수족관 밖의 바다

몸 속의 바다는 말라 있다
마른 바다에서 멀리 신기루
우리는 함께 벌거벗은 채
파도를 탄다 달빛이 우리의
벗은 몸을 씻는다 우리의 두 꼬리가
황금빛 바다를 탕탕 친다
밝은 새들이 몸 밖으로
튀어오르고 파일럿 피시들은 언제나
우리 배 밑을 간지른다

이 수족관 내부는 나선형으로 되어 있다
수족관 밖 멀리 남태평양쯤에서 상어가 울면
수족관 속 상어는 나선형 기둥을 타고 굽이굽이 내려 간다
심해의 방까지 매순간 울음 소리 타고 내려가지만
가도가도 메마른 바다 삶은 언제나 죽음의 나선형 주머니,
그 안에 들어 있었나
상어 한 마리

내 발가락쯤에서 다시 올라온다

태초의 바다는 어쩌자고
저리도 슬픈 것들을 불쑥불쑥 뱉어냈을까
또 상어 한 마리 뱃속을 훑어 내려가고
저 멀리 남태평양쯤에서 누군가
나를 향해 헤엄쳐오고 있다
밤에도, 검푸른 바다를 건너, 얼음을 밀며

길을 주제로 한 식사 5
―딜리셔스 포에트리

1
―**진달래 화전**
코피 똑똑 흘리는 아이. 아이는 공을 맞았어요. 멀리서 봄날 하늘을 가르고 온. 흰 앞치마 위로 피가 똑똑 떨어지고. 할머니 광목 치마 위로 핏물 번지던.
―**숭늉**
우리집 담장 위 흙도 맛있던.
―**수제비국**
따끈하게 끓여서 볼 깊은 그릇에 넣은?
비구니들이 나옹화상 합창하며 원족 가네요. 목련 꽃나무 아래 지나.
비구니들 마치 말간 국에 뜬 수제비들 같네요.
―**참기름에 볶은 잡채**
쇠고기, 목이버섯 다 넣고?
해 뜬 날 여우비 오는 것.
해는 연한 나뭇가지 살살 볶고, 큰 소나무 아래 검불 속 송이는 눈뜨고, 내 생각의 타래는 할머니 흰머리칼처럼 하염없이 풀어지고, 젖가락을 든 손이 저 구름 속 멀리 입맛을 다시고.

──시래기국

 김장 담그고 남은 시래기, 달밤에 엮으시던. 엮어서 뒤란 기둥 목에 걸던. 겨울 저녁 쇠죽처럼 끓던. 멸치 몇 마리 둥둥 떠다니던.
──할머니, 한 상 가득 차렸어요. 자, 이승의 봄밤을 마음껏 드세요.

2
 이 길은 짓부수어 고명으로 얹어 먹을 수도 있다.

 이 길은 불에 올려놓고 두 시간 이상 살캉하게 삶아먹을 수도 있다.

 가슴 아픈 이 길은 삼삼하게 절여
 고춧가루 끼얹어 마늘까지 곁들여 먹을 수도 있다.

 길은 어떻게든 먹어주어야만 또 자란다.
 모든 길 잡수시고 주무시는 할머니 무덤 위 잔디들 더 짓푸르듯이.

나, 오늘 우리 외할머니와 함께 만들었던 길
찬찬히 풀어내어
짠 눈물 양념 방울 떨어뜨리며
──할머니, 이승의 봄밤을 마음껏 드셔보세요.

II

환한 걸레

물동이 인 여자들의 가랑이 아래 눕고 싶다
저 아래 우물에서 동이 가득 물을 이고
언덕을 오르는 여자들의 가랑이 아래 눕고 싶다

땅속에서 싱싱한 영양을 퍼올려
굵은 가지들 작은 줄기들 속으로 젖물을 퍼붓는
여자들 가득 품고 서 있는 저 나무
아래 누워 그 여자들 가랑이 만지고 싶다
짓이겨진 초록 비린내 후욱 풍긴다

가파른 계단을 다 올라
더 이상 올라갈 곳 없는
물동이들이 줄기 끝
위태로운 가지에 쏟아 부어진다
허공중에 분홍색 꽃이 한꺼번에 핀다

분홍색 꽃나무 한 그루 허공을 닦는다
겨우내 텅 비었던 그곳이 몇 나절 찬찬히 닦인다
물동이 인 여자들이 치켜든
분홍색 대걸레가 환하다

나의 너에 대하여

베틀에 앉은 외할머니가
베틀북을 높이 들 때처럼
길이 당겨 올라간다
지구 곳곳에 흩어져 살던 LH 718 승객들의
긴장한 길이 비행기 안으로
팽팽하게 당겨진다
328개의 길이 이륙한다

숨이 찬 내 애인이
나무들 잎잎마다 들러붙어
숨 몰아쉬며 불어제친다
아직도 할말이 남았어
비행기 창밖에 구름 그림자 진다
나무들이 한쪽으로 쏠린다
몰려가는 구름처럼 그가 입만 벙긋거린다

낮고도 낮은 저 아래
푸른 머리칼 오그라붙은 자지러지는 산맥들
내 애인의 얼굴 위로 침 흘리는 강들, 단단한 바다들,
내 마음을 어디다 붙들어매었던가

내 애인은 어디쯤에서 솟구쳐올라

나를 덮쳤던가

낮고도 낮은 저 아래

눈발은 어디를 휘돌아 그 얼굴을 흰 붕대로 감았던가

아, 그러나 떠올라보면 떠올라볼수록

출구가 없는

너의 얼굴 속 산맥과 바다

높이도 없고, 깊이도 없는

납작한 네 얼굴

어쩌란 말이냐

베틀에 앉은 외할머니가

베틀북을 높이 들어

LH 718을 서방에 갖다 걸자

다시, 나를 품에 넣는 내 애인

피륙이 길어진다

나를 언제 놓아줄 텐가

네 얼굴 위로 트렁크를 질질 끌고 나는 간다

이 밤에

쥐가
잠에 빠진 흰 토끼를 갉아먹는다
토끼장 밖으로 검은 피가 쏟아진다
쥐가 죽통에 빠진 돼지 새끼를 갉아먹는다
(이제 막 자궁 속에서 구워진 살 덩어리들
푸들푸들 첫 공기에 떠는 아가들
기름살 덩어리들
맛있고, 따뜻하고, 물어뜯으면 피 흘리는 덩어리들)
쥐가 요람에 든 새 아가를 갉아먹는다
아가 엄마는 식당에 설거지하러 갔다
쥐가 이제 땅속에 갓 묻힌
싱싱한 시체의 몸 속을 드나든다

훔치지 않은 것은 한번도 먹어본 적이 없는 쥐가
우리들 그림자를 뭉친 다음 입김 불어 눈뜨게 한 쥐가
발가락 사이 무좀 아래 숨죽여 따라다니던 쥐가
 게걸스레 처먹다가 바스락 큰 숨에도 꼬리를 말아올리던 쥐가
 감시용 카메라 뒤에 숨어서 밤마다

몸을 섞는 우리들 훔쳐보던 쥐가
여전히 길어지는 이빨을 날마다 갈아야 하는
수백 세기 동안의 진화를 다 엿보았다고 떠들어대는 쥐가

우리들 번쩍이는 표면 안쪽 실핏줄 사이에
보드라운 살갗 속 어둡게 미끈거리는 내장 속에
삐걱거리는 마룻장 아래 열 개의 꼼지락거리는 발가락 사이
비와 바람의 발자국 소리 숨겨둔 두개골 속에
어느 빛줄기 하나 뚫고 들어갈 수 없는 내 몸 속 그 어두운 곳에
몇십 년째 내 몸 속에 웅크린 죽음의 몸 그 뱃속에
열 손가락을 물어뜯으려 이를 가는
쥐가

이 밤에

길을 주제로 한 식사 4

길은 가다 말고
갑자기 멈춰
초록색 가녀린 이파리
피워올린다
나는 그 길을 솎아내어
국을 끓인다
길은 오다 말고
갑자기 멈춰
푸른 바닷물 속
병어떼를 풀어놓는다
나는 바다 한 자락
칼로 잘라낸다

칼을 잘못 놀렸나
길 한 자락
가슴에 떨어져
환한 철쭉 꽃밭으로 끓는다
나, 꽃밭의 피 거품
숟가락으로 걷어낸다

빠알간 핏길 위로

달이 발등을

밀며 치솟아오른다

달이 가는

그 길이 비릿하다

궁창의 라면

하늘이 별을 오래오래 끓이면
그 속에서 60억 인구와 셀 수 없는 버섯과
더 셀 수 없는 고기들이 나오듯이
지구의 밤, 이 밤의 망상을
오래오래 끓이면
(나는 뚜껑을 열어 끓고 있는
내 골을 들여다본다)

스프에는 다량의 조개와 쇠고기와
야채가 들어 있다고 말하는
경기도 안성군 대덕면 소현리 농심 라면
직원은 마치 별 얘기를 하고 있는 것 같아
이 망상을 오래오래 끓이면
밤하늘 신생의 별들이 터져나오죠
(봉투를 잘못 뜯었나
끓여서 냉동 건조시켜 넣어둔
바싹 마른 별들이 싱크대 위에 쏟아진다)

뜨거운 밤이 라면 냄비처럼 끓고 있는 밤

닦다 만 낡은 구두들 길에다 그냥 펼쳐놓고
백화점 앞 구두닦이들이
라면을 끓여 먹고 있네
그 냄비 속으로 운행중인 별들이
앗 뜨거 앗 뜨거 쏟아져 들어가고

그리고, 이 라면 한 그릇
너와 내가 떠받들어 끓이는 각자의 궁창,
결코 건너갈 수 없는……
(불을 *끄*자 한껏 부풀어올랐던 내 골이
벌건 국물 속으로 녹아든다)

고리타분한 시인과 발랑 까진 애인

 이 박물관의 서술은 시대순으로 되어 있다고 시인이 말하는 순간, 그의 애인은 그러나 이 박물관은 거꾸로 읽을 수도 있고 중간부터 읽을 수도 있지라고 말하면서 갈빗대 사이로 구두를 밀어넣는다 그렇게 읽으면 역사적 지식이 없는 너로서는 도저히라고 시인이 말을 잇는 순간, 그의 애인은 나는 11a부터 25a까지를 먼저 본 다음 7의 b로 가겠어요라고 말하면서 시인의 잇몸을 꽉 깨문다 애인은 걷는다 시인은 이렇게 써내려간다 지가 안 돌아오고 배겨? 반드시 길을 잃을 거야 느닷없이 애인이 19c 방의 불을 탁 켠다 피어보지도 않고 시든 늙은 아이야 멀리 가거라 어떤 일이 있어도 돌아와선 안 된다 어떤 일이 있어도 멀리 가버려라 이 에미가 상상도 못 할 별난 세계로 시인의 에미가 노래하는 초상화가 걸린 방으로 애인이 들어온다 나는 거꾸로 읽을 수도 있어요 애인이 시인의 탯줄을 들고 문도 없는 입구로 들어온다 들어와서는 나무 좌대 위 대리석으로 떠진 시인의 데스 마스크 숲을 손가락질하며 깔깔거린다 시인이 잠든 몸을 뒤척이며 이 박물관의 서술은 시대순으로 되어 있다고 일관성 있게 잠꼬대하는 순간 시인의 상처 속으로 애인이 등불 같은 뜨거운 입술을 들이민다 애인은 23c의 방을 귀로부터 들어와 입술 밖으로 나간다 나가다 말고 다시 들어와선 시인이 밤낮으로 빚는 죽음, 그 방의 문을 두드린다 지하 전시관엔 시인의 자화상들이 베수건에 들러붙은 얼굴처럼 늘어서 있다 시인은 그 방에서 모자 위에 촛불을 얹고 거울을 보며 자신의 얼굴을 그려내느라 정신이 없다 시인은 다시 33a로 들어온 애인의 흐린 실루엣을 자화상 안에 재빨리 그려넣는다 너는 지나가면 그뿐, 나는 이 방들을 차례대로 다 지나야 밖으로 나갈 수 있지 시인이 중얼거리지만 애인은 방마다 붙어 있던 숫자 문패를 뜯어와 시인 앞에 주르르 쏟아놓는다 어두운 산에 바람이 부는가 촛불이 일렁인다 어두운 방안에서 시인의 아버지가 시인을 뜯어먹다 말고 검은 구름 사이로 내다본다 시간이 얼크러진 방안, 시인은 출구를 못 찾고 우두커니 서 있다

서울 2000년

왕십리를 지난 지하철 2호선은
정확히 77분 후에 다시 왕십리로 돌아오게 되어 있다
삼십 년 전 대나무 우거진 우리집에서
연꽃 핀 호수 옆 학교까지 십리 조금 넘는 길을
두 시간 넘어 걸어서 갔다가
두 시간 넘어 걸어 다시 돌아왔는데
서울을 한바퀴 도는 데 두 시간도 안 걸린다
그때 학교를 오가는 동안 노루를 본 날도 있었는데
 노루의 그 고운 눈과 내 눈을 따악 마주친 날도 있었는데
 우리는 한참을 그렇게 우두커니 마주보고 서 있었는데
 소나무들이 젊어 죽은 무명 용사들처럼 우우우 울면
 길가에 나란히 전봇대들이 무서워 무서워 비명 지르고
 비명과 비명 사이 나는 오도 가도 못 하고 지각을 밥 먹듯 했었는데

 삼국사기를 읽는다 지하철 2호선 왕십리역부터
 개국은 시작된다 백제 온조왕 14년 국도를 서울로 옮겼다

비 오듯 시간은 떨어져 전동차 밑으로 사라져간다

자비마립간 5년 5월에 왜적이 쳐들어와 활개성을 습격하고

사람 일천 명을 잡아갔다 8년 4월에 홍수가 져서 산이 17개소나 무너졌다

누가 내 귀에 세월을 쏟아붓는 것 같다 이 전동차가

다시 왕십리에 도착하면 이 순환 전철은 사람을

모두 바꾸어 싣고 있을 것이다 사람들이 오르고 내리는 동안

순환 전철이 서울을 도는 동안 나는 여전히 이 전철 안에 남아

사기를 읽고 있다

열차가 다시 한강 위로 올라서자 오늘의 비 그치고

신라·백제·고구려 따로따로따로 진행되던 600년 세월 그치고

한강은 노을을 이고 간다 저기 저 탄천 쪽에서 거품 섞인 노을 뭉게뭉게

솟아오르는 것 그대로 끌어안고 한강은 이제 다 왔다 서울을 다 돌아

서해 바다로 피칠갑을 하고 죽으러 간다

　오늘의 비 한바탕 사이로 신라의 하늘에서 별 떨어지고
　백제의 우물에서 검은 용이 솟아오르고 흙비가 종일 내리고
　흰 개는 담을 넘고 열여섯 살 관창의 목이 말에 실려
　성내와 강변역 사이 잠실 철교를 넘어온다 의자왕 말년엔
　서울의 우물물이 핏빛으로 변하고 아무도 그 물을 먹을 수 없었다 한다
　서해에서 작은 고기들 저절로 나와 죽었다 하고
　백성들 그 고기들 다 먹지 못할 정도로 죽은 고기들 많았다 한다
　사바하는 붉기가 핏빛과 같았다 한다 노을이 한강 위에 뜬 열차를 붉게
　물들이자 나는 사기를 닫고 떠난 곳으로 돌아간다 이 열차 안엔 이제
　왕십리에서 떠난 사람은 아무도 없다 나는 승차표의
　마그네틱 선에 새겨진 시간을 넘겼다 아마 나는

개찰구에서 순환선 역무원에게 손목을 잡히리라

사탕

잠자다 일어나보면
거대한 혀가 나를 핥고 있다
전신에 흐르는 이 침 좀 봐

침 흘리는 혀는 크다
그 혀가 나를 핥는다
텅 빈 이빨이 질겅질겅 씹기도 한다
나는 어디에서 잘려나온 살점이에요
내가 나를 살 덩어리 내려다보듯
바라본다 밤마다 침대가 푹 젖는다
물 웅덩이 속에서 내가 돌아눕는다 침 흘리는 혀가
이번엔 머리칼 속을 더듬는다
저 백화점도 곁에 와 드러눕는다
혀는 백화점을 핥는다 침대 위에서
자동차들이 불을 켜고 백화점 주위를 깜빡깜빡
맴돈다 내가 잠속에서도 젖은 안경을 쓰고
침 흘리는 백화점을 만져준다
투명한 어금니가 내 손을 꽉 깨문다 얼굴도 꽉 깨문다
세월 갈수록 단물 빠지고 주름진다 나는

침대에 누운 백화점을 껴안아본다
침 흘리는 혀가 침대에 누운 우리를 동시에 핥는다

(오늘밤, 새도록 안개비가
저 백화점을 입 속에 넣은 채
천천히 녹여 먹고 있네)

길을 주제로 한 식사 1

이를테면 길은
스파게티처럼 포크에 감아 먹을 수도 있지

만 갈래로 쏟아진
여름 뜨거운 길들 위에
검붉은 태양이 쏟아져 꿈틀거리듯
뜨거운 스파게티 국수 위에
검붉은 소스를 끼얹어 먹는 거야
저것 봐, 그녀가 스파게티를 먹다 말고
냅킨을 접어 무언가 끄적거리고 있잖아
너무 뜨거운가봐 눈물까지 머금고 있네
그녀가 앉은 프라이데이 창문 밑으론
이 밤, 붉은 국수 가닥 같은 자동차길
누군가 그 길을 포크에 감아 먹고 있나봐
길이 자꾸만 어디론가 끌려들고 있잖아

아아, 이렇게 길이 엉켜들고 있을 땐
천천히 혼자 스파게티를 먹는 거야
높은 창문 아래 프라이데이 식탁에 앉아

수많은 세기를 기다려

바람이 산등성이를 깎아먹듯

모래가 바다를 마셔버리고 드디어

붉은 소스가 칠해진 모래 접시만 남듯

그렇게 용암처럼 붉은 소스를 끼얹어 꿀꺽 삼키는 거야

먼 그를 그녀가 먹듯 그렇게

나는 고것들을 고양이라 부르련다

살아 있다: 나는 보이지 않는 내 고양이에 대해 말하련다. 고양이는 살아 있다. 그들은 하루에 알을 두 개씩 낳는다. 그렇게라도 하지 않으면 종족 번식이 안 되니까. 대청소 한 번에 멸종 위기에 놓이니까. 후우 입김 한 번에도 날아가니까. 그럼에도 고양이들은 언제나 어느 구석에나 살아 있다.
아주 작다: 나는 그들에게 먹이를 줄 필요가 없다. 왜냐하면 보이는 내가 언제나 살갗 껍질을 떨어뜨려주니까. 고양이들은 살 비듬 한 알갱이 속에 아파트를 지을 만큼 작으니까.
겨우 살아 있다: 털면 털리고, 빨아들이면 먹히고, 잔기침 한 번에도 꼬리를 내린다. 내 고양이들은 어찌나 작은지, 대물 렌즈 위에 올려놓고 배율을 오백 배 천 배 올려도 그 앙증맞게 달싹거리는 입이 보일까 말까 한 놈은 그래도 큰 놈이다. 공기 속에 떠 있지만 언제나 먼지 가장자리에. 불면 불릴까 깃털이라도 스칠까 달달 떤다. 추위에 약한 것

들, 나는 더운 여름날 문도 못 연다. 겨우 살아 있는 것들. 불쌍한 것들. 날 고양이 엄마라고 불러줘. 너무 작아 품에 안지도 못할 것들. 할 수 없어, 땀샘 구멍에라도 넣어줘야 할 것들. 책 속의 행간 속으로 빨간 고양이가 살짝 비친다. 아이고 귀여운 것. 고양이는 어디에나 있다. 나의 뇌세포 한가운데. 하루에 알 두 개씩. 이불 속에 알 두 개씩. 빨간 눈 앙증맞은 울음 소리. 소파 뒤에 오글거리는 나의 고양이들. 학교 갔다 돌아오면 이불장 위 먼지 이불 덮고, 좋아라 가르릉거리는 고것들의 울음 소리.

그러나 요것들: 요 귀여운 것들. 생명의 불 꺼지면 삽시에 나 먹어치울 것들. 가죽 소파를 비 오는 한데에 내어놓게 하는 것들. 내 콧구멍 속에도 집을 짓는 것들. 내 코끼리마저 파먹어치울 것들. 낮에는 안 보이는 별과 같은 것들.

다시, 나는 너희들을 뮤즈라 부르련다

다시, 나는 너희들을 뮤즈라 부르련다
수명은 모두 제각각이지만 여전히 뮤즈는 살아 있다
뮤즈는 스스로 번식한다 새끼도 친다
나는 나의 뮤즈들의 이름을 하나하나 불러본다

 빈 성냥갑 뮤즈. 초콜릿 껍데기 뮤즈. 읽어치운 신문 뮤즈. 286 컴퓨터 뮤즈. 2조짜리 세탁기 뮤즈. 코끼리란 이름의 밥통 뮤즈. 은박지 뮤즈를 구기며 다정한 이름 부르기 끝이 없어라. 친절하게도 어떤 뮤즈는 자신의 명패를 달고 족보까지 착용하고 내게로 왔다. 자연산 뮤즈, 인공 뮤즈, 시집올 때 엄마가 싸준 뮤즈. 그것도 부족하여 나는 매일 새 뮤즈를 산다. 어느 땐 너무 비싸 월부로 사기도 한다. 월부 뮤즈를 주문해놓고 기다리는 시간은 참으로 지리하였다. 어쨌든 뮤즈들에게도 수명이 있었다. 많은 뮤즈들이 내 곁에서 죽어갔다. 내가 이름을 붙여주건, 안 붙여주건 그건 상관하지 않겠다는 듯이. 내 자서전은 매일 새로운 뮤즈를 사고, 또 거의 매일 죽은 뮤즈의 시체를 버렸다는 기록만을 남길 수 있으리. 큰 뮤즈들 속에 작은 뮤즈들이 쉴새없이 들어찼다. 죽은 뮤즈도 새끼를 치나?
    나 없으면 전기밥솥 뮤즈가 구더기 뮤즈를 키울 나의 집
    뮤즈가 뮤즈를 낳고 또 낳아
    뮤즈로 꽉찬 집으로 포크레인을 타고 들어가야 하리
    열흘 간 청소차가 안 오자 드디어 뮤즈의 천국이 되는 나의 집
    지구 최후의 날에 저희들끼리 살아남아 새끼를 칠 나의 뮤즈들이 호시탐탐 기회를 엿보는 즐거운 나의 집

    무너진 백화점 뮤즈는 어떤가. 무너짐으로 단번에 뮤즈의 화신이 된 그곳. 뮤즈 여신의 동상이라도 세워야지. 무너진 백화점 속 뮤즈에 깔린 사람들의 대화. 지하 3층 철근 사이에 허벅지가 낀 여자가 쉴새없이 삐삐를 치고, 핸드폰으로 집에 전화를 걸어 여보세요, 여보세요, 전화가 안 되나봐요…… 나는 내 뮤즈들을 빨아주고, 닦아주고, 고쳐주고, 다려주는 데 일생을 바친다. 죽은 뮤즈는 버리고 산 뮤즈는 다독거리고, 정리하고, 세수시키고, 안아준다. 그러다 나는 정말로 어느 날 뮤즈의 품안에 안겨 나도 뮤즈가 되는 것은 아닌지. 전세계가 뮤즈들의 시체

와 전쟁을 선포했다고 아침에 찾아온 조선일보 뮤즈의 등에 적혀 있었다. 나 죽으면 모두 야생이 될 뮤즈들이, 아니 죽어서 더 맹렬하게 번식할 뮤즈들이 우리집 하나 가득, 그런데도 오늘 낮 나는 외눈박이 컴퓨터 뮤즈의 등에 이 글들을 새겨넣었다.

  ── 이사 올 때 나는 눈이 파란
     흑고양이 뮤즈를 버리고 왔다
     너무 오래 데리고 산 뮤즈는 귀신이 된다고 하므로
     그러나 이사온 지 삼 일째 되는 날
     우리 식구는 창밖에서 전신을 날려
     새집 창문에 올라붙는
     밤새도록 울부짖는
     흑고양이 뮤즈를 보고야 말았다
     흑고양이 뮤즈의 눈빛은 유리를 뚫을 만큼 파랗게 얼음 불꽃이었다
     새로 산 냉장고 뮤즈도 밤새도록 무서워 떨었다

네 겹의 텍스트 안으로 들어가기

『연애소설을 읽는 노인』*을 내가 또 읽는다

109페이지와 111페이지 사이를 읽는다

책 속의 원주민 노인은 아마존 밀림 입구에 쳐놓은 해먹에 누워

책 속의 베네치아와 곤돌라 위의 연인들을 상상한다

그 사이 나는 부안에 다녀온다 솟대 당산들을 보고 온다

부안 땅은 떠나가는 배처럼 생겼다고 한다 옛사람들은

책을 읽듯 땅을 읽고 다녔나보다 배에는 당연히 닻이 있고

돛대가 있어야겠기에 사람들은 그 배 위에다

솟대를 세우고 닻을 내렸다

책 속의 노인이 곤돌라, 곤돌라 아직도

도시에 떠다니는 배를 상상하지 못해 몸을 비비

꼬고 있는 사이 밀림 속에선 밀렵꾼의 총에 남편을

잃은 암살쾡이가 사람들을 물어 죽이기 시작한다

페이지를 넘어 다시 노인이 고통스런 키스란 문장에 걸려

어쩌면 입맞춤이 고통스러울 수 있단 말인가 하고
 애 낳다 죽은 원주민 아내의 입술을 더듬는 사이
 노인이 연애소설을 읽고 세풀베다는 노인을 읽고 나는
 세풀베다를 읽고 안 보이는 너는 나를 읽는 사이
 나는 또 부스럼투성이의 석장승을 더듬어본다
 돌눈을 부릅뜨고 모가지 사라진 아내를 내려다보는 남편 장승
 산을 깎아 바다를 메운 간척지 아래서 바다는 윙윙 숨막혀 울고
 밀려 들어오는 흙에 파묻혀 슬레이트 지붕 위로 고개만 내놓은 돛대
 출항할 바다를 잃은 그 돛대가 덩달아 울고
 책갈피 속에선 암살쾡이가 아직도 눈 벌판을 핏발 세운 채 맴돈다
 노인이 고통과 키스를 섞어보다 말고
 책 밖으로 나아가 남편 잃은 암살쾡이를 찾아 밀림을 떠도는 사이
 나는 아무 정거장도 거치지 않고 서울로 돌아와

네 겹의 텍스트를 떠돈다

* 루이스 세풀베다의 소설 제목.

비에 갇힌 불쌍한 사랑 기계들

화가가 세필을 흔들어
자꾸만 가는 선을 내리긋듯이
그어서 뭉그러지려는 몸을
자꾸만 일으켜세우듯이
뭉개진 몸은 지워졌다가
또다시 뭉개지네

카페 펄프의 의자는 욕조처럼 좁고
저 사람은 마치 물고기 흉내를 내는 것 같아
입술 밖으로 퐁퐁 담배 연기를 내뿜고 있네
저 사람은 마치
비 맞은 개처럼 욕조마다 붙은
전화기를 붙잡고 혼자 짖고 있네
전화기는 붉은 낙태아처럼 말이 없고
나 전화기를 치마 속에 감추고 싶네

나는 내 앞에 있으면 좋을
사람에게 말을 거네
——한번만 다시 생각해봐요

더러운 걸레 같은 내 혀로
있으면 좋을 그 사람의
젖은 머리를 닦네

탐조등은 한번씩 우리 머리를 쓰다듬고
나는 이제 몽유병자처럼
두 손을 쳐들고
물로 만든 철조망을 향해
걸어나가네
쇠줄에 묶인 개처럼
저 불쌍한 사랑 기계들
아직도 짖고 있네

서울의 저녁 식사

 꽃이 들어온다. 입술을 쫑긋거리는 꽃이. 트럭 한 대 가득 실린 꽃이 터널 벽을 쪽쪽 빨아먹는다. 터널이 잠시 빨갛게 익는다. 그가 새싹을 똑똑 꺾어 입 속에 집어 넣는다. 두릅이 두릅나무에서 똑똑 떨어져 초장 그릇 속에 빠진다. 한 트럭 가득 두릅이 들어온다. 두릅이 서울의 입 안을 초록으로 물들인다. 가자미가 들어온다. 얼음에 채워진 가자미 천 마리가 모두 기절한 채 들어온다. 동해 바다 한 트럭이 실려 들어온다. 돼지들이 들어온다. 돼지들이 서울의 입술을 꿀꿀 빤다. 그는 돼지 목살 수육을 새우젓 찍어 먹는다. 꿈틀거리는 그의 목구멍은 잡식성이다. 미꾸라지가 흙탕물 개울처럼 밀려 들어온다. 태백산맥이 갈가리 찢어져 꿈틀거리며 들어온다. 설악산 자락의 고냉지밭이 소금에 절여져 들어온다. 트럭 하나 가득 반만 나온 무의 하얀 엉덩이들이 겹겹이 실려 있다. 불켠 트럭들이 들어온다. 이빨 사이로 줄지어 들어온다. 트럭들이 터널을 나서면 검푸른 서울의 위액이 트럭을 감싸안는다. 입구를 나선 트럭 중엔 그 큰 눈으로 휘이익 위액의 바다를 헤쳐보는 놈도 있지만 서울의 내장 속 어둠은 짙다. 푸성귀가 자루에 실려 들어온다. 수만 마리의

닭이 오늘 낳은 수만 개의 달걀을 따라 벼슬을 붉히며 실려 들어온다. 코끼리만한 황소들이 눈을 부릅뜨고 들어온다. 서울 사람의 몸 속 길로 황소떼가 떼지어 몰려간다. 그는 오늘밤 소주를 너무 많이 마신다. 소주가 부어지는 이 터널은 길고 어둡다. 소양호를 채우고도 남을 흰 우유가 터널 밖을 나와 밤의 내장 속으로 쏟아진다. 호남평야가 통째로 실려 들어온다. 그러나 터널의 반대 차선으론 정화조를 실은 트럭들이 일렬종대로 늘어서 있다. 술자리를 파한 내가 소주방의 문을 나서자마자 토하기 시작한다. 서울은 같은 문으로 싸고 먹는다. 지렁이처럼 내 몸이 도르르 말린다. 몇 일에 한번쯤, 하늘에서 큰 손이 내려와 흰구름 같은 두루마리 휴지를 펴 서울의 입인 동시에 항문인 터널을 닦아주기도 하는 모양이다. 오늘 저녁, 막차가 터널을 나서자 함박눈이 쏟아진다. 나는 눈을 받아 입 안에 쳐넣는다.

참혹

그날도 여전히 백지 위에 도장은 빵빵 찍혔고 그날도 여전히 술잔은 채워졌다 비워졌고 여자들은 치마를 끌어내렸고 이 손 좀 치워요 소리질렀고 그날도 여전히 차창을 열고 그는 침을 칙 뱉었고 의자는 빙빙 돌았고 색색가지 넥타이들은 깃발처럼 펄럭였고 9시 뉴스는 59벌의 흰 와이셔츠를 보여줬고 구두 닦는 아이들은 구두에 침을 퉤퉤 뱉어 광을 내었고

그녀는 적군의 아기를 가진 그녀는 낮잠만 자는 그녀는 배가 자꾸만 불러오는 그녀는 가슴이 커져오는 그녀는 아무도 도장을 찍어주지 않았으므로 아무것도 할 수 없는 그녀는 슈퍼마켓에 갈 수도 없고 극장에 갈 수도 없고 반상회에 갈 수도 없는 그녀는 머리를 깎인 그녀는 조리돌림을 당한 그녀는 아무도 집에 오지 않는 나날을 견딘 그녀는 만삭이 되어 눈동자만 누우처럼 커다래진 그녀는 아기가 나오려 하자 25층 꼭대기로 올라간 그녀는

누우 한 마리 25층 옥상에서 뛰어내린다 동물의 세계 카메라는 사자에 쫓기는 누우 한 마리를 쫓아간다 누우

는 새끼를 낳다 사자떼에 쫓기고 말았다 어미의 몸 속에서 머리와 앞다리 두 개를 내놓던 새끼 누우는 태어나다 말고 놀라 죽고 말았다 그리하여 스스로 죽은 새끼를 자궁에서 끌어내지 못하는 누우는, 손이 없는 누우는 죽은 새끼를 반은 자궁 속에, 반은 몸 밖에 매단 채 온 들판을 헤매다닌다 이 죽은 새끼를 꺼내주세요 가다간 쓰러지고 다시 쓰러진다 땡볕의 들판은 죽은 새끼를 금방 썩게 한다 이미 누우떼들은 강을 건너간 지 오래, 혼자 남은 어미 누우의 눈이 점점 커진다

빙의

부안 땅 우동리 당산나무 사이로 고개 내민
나무 오리들과 놀다 오는 밤
누가 가지고 놀던 수정 구슬들인가
후두두 후두두 소나기 휘몰아쳤네
수정 구슬 하나마다
이 세상 머물다 갔던 수많은 얼굴들
그 얼굴들이 차창을 타고 흐르네

나, 밤버스 타고 서울로 돌아올 때
검은 거울에 박힌 안경 쓴 여자의 얼굴 하나
그 얼굴을 타고 내리는
부서져 어루만지는 수정 구슬들
하늘 땅 돌고 돌아 사진 찍는 오늘밤
물방울 하나

나, 밤버스 내려 휘몰아치는 수정 구슬들 속으로 들어갔네
수많은 얼굴들이 내미는 수많은 손길들
나, 검은 거울 속 그 나라에 사로잡혔네

나무 오리들을 장대 끝에 매달아
높이 세우던 바로 그 나라에

불타는 절집 한 채

바람 소리인가 뉘 부르는 것 같아 대문 열고 내다보면
불타는 절집 한 채 서 있네
토사곽란중에 울다 보면 변기 속에도
침대를 싸안고 돌아누울 때마다
불타는 절집 한 채 이마를 두드리네 어느덧 새벽이 오고
불을 끄려고 일어나면 불타는 절집 한 채
방에 가득 차네

식구들 모두 외출하고
이제 비 맞은 중처럼 마음놓고 중얼거릴 수 있는 시간
밤도 아니고 낮도 아닌 틈
그 사이로 보랏빛 시간의 국물이 넘쳐나는 시간
횡단보도를 건너오는 가로등 하나
아니 그 가로등 버려두고 또 덤벼드는 불타는 절집 한 채
불길 속으로 언뜻 비치는
용의 혓바닥, 바닥에 떨어져 울리는 풍경 소리
불붙어 흔들리는 대사님의 장삼 자락
승용차가 한 대 빛을 뿜고 지나자
재는 날리고 당간 지주와 주춧돌만 남았네

너 기억하니? 미륵사지에서 밤을 지새던 것

위스키 병 뚜껑에 술 따라 마시며

꺼져가는 가슴속 절터에 자꾸만 불을 붙여보던 것, 아아

너어도 가고 나아도 가야지 갈대밭에 노래를 비볐던 것

어둠 속에서 밤보다 더 어두운 작약꽃 뭉게뭉게 피던 것

뜨거운 기왓장이 난데없이 발등을 치던 것

전등도 켜지 않고, 밥도 짓지 않고

함부로 어둠에 떠밀리면서

나 모든 세월의 절집 타오르는 것

창문 열어놓고 혼자 중얼거리며 내다보네

우리, 사리는 발 아래 흩어버리자

해탈문 자리로 떨어지는 불덩어리 하나

죽고 나며 나왔다가 다시 죽고, 죽었다가 다시 나며, 다시 죽나니

오래고 먼 겁에 이 꺼풀도 다 사라지리니

먼 나라에서 지고 온 경전들, 붉은 휘장들, 영험한 화상들
 타오르며, 한번 다시 피어오르나니
 저 어둠 산 깊이 문 열고 들어가 다시 나아오지 않나니

버스 기다리며 듣는 잠실야구장 관중석의 12가지 함성

1

꽝 하고 단 한 번 터지는 천둥

2

깔깔거리는 천둥. 수만 개의 콜라 병이 아스팔트 위를 구르는

3

수천 채의 양철 지붕을 한 방에 내리칠 때처럼, 그러나 그 소리 다음에 자꾸만 강물 위로 파문이. 파문이, 파문이…… 벌벌 떨며 퍼지는 천둥

4

간헐적인 천둥, 오오랜 침묵 뒤에 골짜기를 어루만지듯, 몇 분 동안 계속해서

5

신음 소리, 기침 소리, 신음 소리, 이만 다발의 신음 소리가 가로수를 쪼개려는 듯

6
야구 경기장만한 드럼

7
주먹을 불끈 쥔 천둥. 덤프 트럭들이 둥그렇게 몰려서서 수천 톤의 자갈을 한꺼번에 붓는, 그것을 이만 명의 사람들이 하나씩 들고 한꺼번에 깊은 물 속을 향해 던지는

8
골짜기들이 히히덕거리는. 이 골짜기를 내려오다 말고, 다시 저 골짜기에서 내려오는. 그러다 다시 저 먼 골짜기를 굴러내리는 도깨비불처럼. 히히덕거리는

9
머뭇머뭇하다가 터져나오는 천둥, 밤 고양이가 느닷없이 어깨에 내려앉듯 터지는 천둥. 아이고 놀래라

10

한 방 쾅 터지고 짧게 짧게 터지면서 계속 이어지는, 폭포 아래 저 아래 실개천이 졸졸거리고 흐르듯 번개들이 따라다니는

11

아무 소리도 나지 않았는데, 느닷없이 잠실 아파트의 잠든 아가들이 한꺼번에 깨어나서 우는

12

속삭이는, 속삭이는. 속삭임 소리가 잠실 아파트의 모든 창문을 다 흔드는, 번개도 보이지 않는, 숨은 천둥

얼굴들이 하나 가득 켜진 둥근 계단. 탐조등이 삐리릿 한 번씩 지나가고. 웃음 천둥에 놀라 갑작스레 내려오신 하나님. 켜진 얼굴들 징검다리 삼아 하나 둘 셋 넷 뛰어다니시고. 사람들. 일어났다 앉고. 또 일어나고. 장마전선이 자꾸만 그어지고.

멀리서 보면, 밤에도 환한
꽃핀 것 같은
그 속에 장대비 옮겨다니는
하늘 높이 오르다가 떨어져
터져버리는

너희들은 나의 블루스를 훔쳐 달아났지*

내 몸에 누군가, 아니 그들이 빨대를 꽂고 있다
그 빨대를 통해 나를 빨아마신다
내 몸의 지도가 우그러진다
나무들이 쓰러지고 대지의 주름은 부서져
모래 언덕이 치솟는다

이미지 도둑들
내 몸에서 엑스레이 사진 찍듯 뼈를 발라가는 것들
기회만 있으면 말의 벽돌을 뜯어가는 것들
화등잔같이 눈을 켜고
주둥이가 빨대처럼 길어진 것들

사막이란 무엇인가
이제 텅 빈 시인의 몸이
전대륙에 걸쳐 죽음을 공급하는 곳
거기 한 채의 누더기 집이 있고
걸레 커튼이 휘날리고
죽음의 모래들이 부서져 날리는 곳

부디, 이 모래들마저 들이마셔주시길

* Langston Hughes의 「싸구려 극장에 부쳐」 중에서.

토요일 밤에 서울에 도착한다는 것

자정이 넘은 시간
운전사와 필름 끊긴 취객 둘이 타고
신나게 종로 거리를 달려가는
환하게 불켠 심야 버스처럼
밤새도록 눈 한 번도 안 깜빡이는
응급실 하얀 네온 간판처럼
천 명도 넘는 사람들이 링거를 꽂고
누워 있는 자정의 종합병원처럼
탁자마다 속이 다 비치는
옷을 입은 전화기가 저마다 소리치고 우는
카페 펄프처럼
삐삐들, 공중전화들, 광고지들 마구 쏘다니는
문닫고 환한 명동 이클립스처럼
할아버지, 할머니, 엄마, 동생이
저마다 입던 옷 벗어들고 달려오는
24시간 환한 '마이 뷰티풀 런더랫'처럼
다 잠든 시각
남산에서 내려다보면
불타오르는 서울 한복판의 황금 장미

남대문시장처럼
이 밝은 천당!

누가
만 원에 산 어항처럼
흔들고 가고 있는지

서울 쥐의 보수주의

아비와 어미가 우리를 차례차례 눕힌다
어미의 젖꼭지 개수만큼 우리는 태어났다
어미가 식빵보다 포근한 혀로 우리의 눈을 핥아준다
어둠으로, 온 힘을 다해 핥아준다 어둠은 포근하다

생선 대가리를 물고 오는 아비가 무서운 소문도
물고 온다 멀리서 발자국 소리, 소방차 울음 소리 들린다
어미의 젖꼭지가 단단해진다 어미는 온몸으로
쥐구멍을 막는다 우리의 귀도 막는다

방안에 털 난 다리가 들어온다 그놈이다 몸을 던져
텅텅 집을 울리며 그러나 다리만 들어온다
발톱이 어미의 눈을 찢는다 귀를 찢는다
구둣발이 치마를 짓이긴다 어미는 숨도 쉬지 않는다

물러갔다 다가섰다 들쑤시기를 밤이 가진 분침만큼
밤새도록 가르릉거리는 소리 들린다 벽에다 머리를
짓찧으며

울부짖는다 어미는 송장 같다 아비는 보이지 않고
　밤새도록 집을 뭉개며 털 난 입이 들어오려 한다

　아침이 되자 떠난 모양인가 조용하다 어미는
　그제야 일어나 숨을 쉰다 지난밤의 공포로
　수상한 냄새를 풍기는 우리를 어미는 물어 죽인다 죽여선 내장도
　먹는다 이빨을 벽에 갈아선 눈알도 파먹는다 그리곤 아무도 없고
　언제나처럼 아비와 어미만 남는다 또 어미는 새끼를 밴 모양이다

The Rat Race

어디서 너를 만나건 너는 도망중이었어
전갈좌에서 천칭좌로 천칭좌에서
황소좌로 여긴 아니야 여긴 아니야
감자 자루에서 쌀자루로 비누갑에서
책상 밑으로 루카치에서 들뢰즈로
지하실에서 다락방으로
정화조에서 우우 무덤으로
칠흑으로 빛나는 것들은 다 싫어 너는 어디에서나
도망중이야 심층에서 표층으로

너는 정말 어디 있는 거야
나는 내 몸 속에서 네가 꾼 꿈이었을까
39도 열 속에서 네가 젓가락에 말아올린
꿈이었을까 시체를 갉아먹고 무덤 속을 뒹굴 때
그때 우린 만났던 걸까 아아 어디였을까 어디였을까
여긴 아니야 여긴 아니야 여긴 아무래도
누군가의 두개골 속이야
검은 두 구멍이 없이는 내다보지 못하는

자, 이제 물고기 자리에서 물병 자리 시대로 갈 거라면서
자, 이제 날마다 이삿짐을 싸지만
언젠가 서울엔 살지 않을 거라면서
그러면서도 고양이처럼 나를 쫓는 서울에
오늘밤 지하 동대문역을 물밀어나가는 우리들
누군가의 피리 속으로 빨려 들어가는

쥐떼처럼

사일런트 나이트 홀리 나이트

 뒤늦게 무덤을 파헤치자 이미 쥐들이 다 파먹은 시체가 나타났고 나는 등이 아팠다 등 속에 든 내장들이 아팠다 내장들이 비명을 지르며 뼈의 창살을 덜컹덜컹 흔들었고 인부는 살찐 쥐를 찾으려면 이 공동묘지를 다 뒤집어야 한다고 말했다 사십대 이후에 새 아기를 낳는 것이 유행이었고 이상하게 장미나무에서 철쭉이 피었다 아카시아에서 라일락 향기가 났다 벽제 화장터는 쉴새가 없었고 한 개의 관에 짝짝이 다리가 실려 자꾸만 도착했고 어떤 관 속엔 여자의 손 하나만 들어 있었다 화장부는 피곤해 죽을 지경이었다 나는 스페인으로 날아가서 플라멩코를 보고 또 보면서 한바퀴 도는 데 열두 밤, 두 번 돌면 스물네 밤 세월아 가라, 자꾸만 가라 뇌까렸고 앉은 자리에서 수십 번의 인생이 지나가길 바랐다 내 애인은 나에게 암호로만 말했고 일본 평론가는 나는 원래 그런 놈이야 그런데 너희는 어떤 놈들이냐 덤벼들었고 전갈이 우기엔 진흙 속으로 깊이 잠수해 있으니 진흙을 파내지 마시오 말해도 나는 두 손으로 진흙을 파내 얼굴에 칠했다 지금 막 전쟁중인 그 나라에선 죽은 남편의 시체를 성탄절 선물로 준다고 각국 정상들이 사인을 했고 내가 가르치는 아이들은 스크린을 향해 자연! 하고 불렀다 그러나 동료 시인들은 애써 스크린을 찢고 어둠을 향해 아 여기 자연이 있다 하고 소리쳤고 결정적으로 우리는 아직도 남아 있는 아버지의 원수는 내 원수인가 고민했다 우리가 고민에 빠져 있는 동안 전자 도서관과 접속이 안 되는 언니들만 소설책을 사고 그러던 어느 날 맨홀 뚜껑을 열고 하수관 속으로 들어가면 거기 어둠 속에서만 눈뜰 수 있는, 아이고 놀래라 갑자기 들어온 빛에 놀라 도망가는, 오물색으로 진화된, 까만 눈을 뜨고 땅속을 뚫고 다니느라 이빨이 곡괭이처럼 갈아진 쥐들이 금방 눈떠 아직 털도 안 난 새끼들을 가득 품고

아침을 읽는 법

정월에, 많은 별들이 비 오듯 떨어졌으나 땅에까진 이르지 않았고 강에만 떨어졌다

이월에, 우리나라 밖으로 내가 매일 읽던 경전이 가방을 싸서 달아났다 우주 미아처럼, 떠가는 챌린저 물고기처럼(나쁜 자식!)

삼월에, 고기들이 언 강 밖으로 나오더니 다 죽었다

사월에, 별들의 비늘이 쉬지 않고 떨어져 쌓였다 북쪽에 아직 살기가 있다

오월에, 어디서든 장애물, 꺼지지 않는 화면, 고기 없는 텅 빈 강물이 흘렀다

유월에, 한강 남쪽의 백화점이 땅속으로 함몰되어 웅덩이가 되고, 꿈에 사과를 본 사람은 살아나왔다

칠월에, 땅속의 우물들이 넘쳐 흘러 민가가 떠내려가고, 돼지들이 지붕 위에서 울었다 기찻길로 기차 대신 붉은 강물이 기적 소리를 내고 흘러갔다

팔월에, 동남쪽의 붉은 기운이 한 필의 비단처럼 펼쳐졌다 그 다음 비가 오는데 그 속에 물고기들이 섞여 떨어졌다

구월에, 바람이 문 앞에 와서 문 열어 문 열어 울었다

아침에 보니 바람의 머리칼이 문고리에 잔뜩 감겨 있었다 그날은 보름이었고, 동도 서도 남도 북도 아닌 곳이 가장 길했다 그도 여섯 발의 총알을 다 썼을까?

  시월에, 늦가을에 갑자기 매화가 피었다 그때마다 그가 자꾸 생각났다 강기슭으로 죽은 고기들이 하얗게 떠올랐다

  동짓달에, ……

  섣달에, 이제 꿈꿀 시간 삼십 초, 강이 다시 얼어붙었다 White Out 발을 헛디딜 때마다 수천 길 크레바스 아래, 시퍼런 강의 이빨 속으로 떨어졌다 이불은 남극처럼 하얗고, 그 밑으로 빙하가 흘렀다 그는 나를 다시 똑같은 회로에 납땜하여 갖다 붙였다

  다시 정월에,

해설

망가진 이중 나선

정과리
(문학평론가)

사막이란 무엇인가
이제 텅 빈 시인의 몸이
전대륙에 걸쳐 죽음을 공급하는 곳
거기 한 채의 누더기 집이 있고
걸레 커튼이 휘날리고
죽음의 모래들이 부서져 날리는 곳

부디, 이 모래들마저 들이마셔주기를
    —「너희들은 나의 블루스를 훔쳐 달아났지」 부분

태초에 비명이 있었다. 어머니의 산도를 빠져나오는 갓난아이의 그것 같은 공포가 시의 새벽에 들이닥

친다. "환한 아침 속으로 들어서면 언제나 들리는 것 같은 비명." 그것은 "너무 커서 우리 귀에는 들리지 않는"(「쥐」)다. 너무 커서! 그러니까, 시는 귀머거리의 발성법이다. 세상의 굉음에 고막이 터져버린 순간, 그는 비명의 내부로 들어와버렸다. 비명의 내부엔 침묵만이 있다. "한없이 질량이 나가는 어둠"과 등가인 침묵. 그러나 그는 누구인가? 이 막막한 적요 속에서 비명을 듣고 있는 그는? 분명 그는 '우리' 귀에는 들리지 않는 그 비명을 여전히 듣고 있는 괴이한 자이다. 그러지 않으면 이 비명의 시는 씌어지지 못할 것이다. 물론 그도 우리 중의 하나이기 때문에 정말 듣지는 못한다. 비명은 환한 아침에 "아 아 아 아 흩뿌려지다가 거두어졌다." 그러나, 그럼에도 불구하고 그는 그 비명이 "여전히 들리는 것 같"다고 느낀다. 그는 우리 귀에는 들리지 않는 비명을 환청으로 듣는 자이다.

그러니까, 그는 우리가 두뇌의 주름 깊은 곳에 묻어버린 태생의 근원을 기억하고 있는 자이다. 그 기억(비명)과 현재(적요) 사이에 엄청난 차이가 있기 때문에 그는 되풀이해 묻는다. 어째서 이런 '우리'가 태어나게 되었을까? 그가 끊임없이 근원을 향해 역류해가는 까닭이 여기에 있다. 그는 "단숨에 파충류를 거쳐 빛에 맞아 뒤집어진 풍뎅이로 역진화해나"간다. 그는 "아직도 태어나지 않은 아이" "아직도 '내'가 아닌 아이" "그 아이에게 들어간다"(「내가 모든 등장인물인 그런 소설 3」). 그는 "베틀에 앉은 외할머니가/베틀북을 높이 들 때처럼/길[을] 당겨 올"(「나의 너에 대하여」)린다. 길은 워낙 연장되는 선이지만, 그는 우선 당겨올리고 본다. 그는 선의 잠재적 무한으로부터 탈출해 그것의 수직적 근원으로 향한다. 그는 시간 여행자이며, 또한 같은 의미에서 시간 파괴자이다. 하나의 시간, 시청의 이마에서 대문자로 깜박이는 한결같은 시간의 진행을 쪼개서 한 자리에서 동시다발로 돌아가게 하는 자, 혹은 그런 광경 속의 한 단위로 끼여든 자가 시간 여행자이기 때문이다.

어찌 됐든, 이 시간 여행자는, 그러나, 그의 회귀를 성공적으로 수행할 수가 없다. 그의 역진화는 소망의 차원에서는 "뼛속의 바다를 건너/장밋빛 시대의 암술 속으로 들어"(「青色時代」)가는 것이겠지만, 실제의 차원에서는 "마치 압핀에 꽂힌 풍뎅이처럼, 주둥이에 검은 줄을 물고 붕 붕 붕 붕 고개를 내흔"드는 꼴에 처해질 뿐이기 때문이다. 서시를 계속 읽어보기로 하자.

나의 존엄성은 검은 내부, 바로 이 어둠 속에 숨어 있었나? 불을 탁 켜자 나의 지하 감옥, 그 속의 내 사랑하는 흑인이 벌벌 떨었다.

그가 회귀를 시도하자마자, 그 순간 돌발적인 차원

변동이 일어난다. 시간의 아득한 저편에 있던, 다시 말해, 시간의 잠재적 길이로부터 단절되어 있던, 근원은 회귀의 작은 몸짓 하나로 곧바로 현재화되고, 그리하여 시간적 기원은 공간적 내부로 돌변하여버린다. 이제 시간은 없다. 다만 영원한 현재로서의 끔찍한 나의 심연이 있을 뿐이다. 그리고 그러자 나의 심연은 내가 추적해 돌아갈 자리가 아니라, 외부의 불빛에 의해 적나라하게 발각되는 상처의 자리가 된다. 그의 "어둠 속에 불이 켜"지면, 그 안의 "내 사랑하는 흑인이 벌벌 떨"고 "창밖에서 들어오는 헤드라이트 불빛에 내 방의 상한 벽들이 부르르 떨고, 수만 개의 아픈 빛살이 웅크린 검은 얼굴의 나를 들쑤"신다. 공간적 내부는 곧바로 나의 '내적 공간'으로 다시 변한다. 나의 지하 감옥에 있던 "내 사랑하는 흑인"은 어느새 "웅크린 검은 얼굴의 나"로, 다시 말해 더 이상, 내가 심리적으로 격리시켰던 또 다른 나가 아니라 나 그 자체인 존재로 변해버린다. 공포는 나의 옛 기원에 있는 것도, 나의 내면의 어느 한구석에 있는 것도 아니다. 그것은 나의 실존이다.

김혜순 시의 첫번째 무대는 바로 이와 같은 차원 이동이 실연되는 기계극의 무대이다. 이 차원 이동을 통해 시인은 삶의 내력을 단숨에 광경으로 만들어버리고, 그리하여, 의문은 줄지에 공포로 뒤바뀐다. 이 공포는 김혜순 시 우주의 도처에 편재해 있는 기저 심상이다. 그것은 "까마귀떼 달려들어 떠오른 시체를 둘러싼다/너는 위장을 가졌구나/난 뇌를 가지겠다/너 손목을 가졌지/나 발목을 묶겠다/갈가리 찢어지는 시체/품고 있으려 해도/막무가내 들춰지는 이불처럼/시체의 잠이 한 바가지 두 바가지/시체의 악몽이 낱낱이/시체의 속살이 켜켜이"(「떠오른 시체」, 『우리들의 陰畵』)와 같은 도저한 잔혹성의 세계를 보여준 바 있는 이전 시집들에서 이미 깊이 각인된 것이며, 다음의 예들이 지시하듯이 사방에서 화자의 현재(①, ③, ④), 예감(②), 과거(⑤), 그리고 화자의 내면(⑥)과 외부(⑦)마저도 두루 휘몰고 있는 지배 감정이다.

① 내가 불러낸 그가 나를 마구 휘젓는다.
—「눈물 한 방울」 부분

② 갑자기 내 방안에 희디흰 말 한 마리 들어오면 어쩌나 말이 방안을 꽉 채워 들어앉으면 어쩌나 말이 그 큰 눈동자 안에 나를 집어넣고 꺼내놓지 않으면 어쩌나
—「백마」 부분

③ 네가 한장 한장 보도 블록을 깔았던
몸 속 길들이 터진다
—「傷寒」 부분

④ 눈뜨자

내 귓속에서 뛰쳐나오는 까마귀떼

눈알 속으로 부리를 들이미네

—「일사병」 부분

⑤ 아침에 일어나면 당신이 내 가슴의 창문을 드르륵 열고 뜨거운 모래를 마구 뿌렸었지요. 입을 열면 메마른 안개꽃이 쏟아지곤 했었잖아요?

—「너와 함께 쓴 시 2」 부분

⑥ 내 몸 속으로 또 내가 달려와서

마구 문을 들이받고 있나봐

가슴속이 폐차장이 된 거 같애

몸 속이 과속으로 늙는 것 같애

—「길을 주제로 한 식사 3」 부분

⑦ 손이 없는 누우는 죽은 새끼를 반은 자궁 속에, 반은 몸 밖에 매단 채 온 들판을 헤매다닌다 이 죽은 새끼를 꺼내주세요 가다간 쓰러지고 다시 쓰러진다 땡볕의 들판은 죽은 새끼를 금방 썩게 한다

—「참혹」 부분

그러나 이 감정은 자연 발생적이고 수동적인 감정, 상황의 주관화된 풍경이 아니다. 이것은 의식적으로 의도된 것이며, 그런 의미에서 도도한 시적 전략이다. 나는 앞에서 이 마음의 잔혹한 풍경을 무대라고 불렀다. 그 말은 아주 맞춤한데, 왜냐하면, 이 자리야말로 시인이 자신의 분신인 화자를 불러 연기케 하는 자리이기 때문이다. 보라, "나를 마구 휘젓는" 그는 "내가 불러낸 그"이며(①), 터지는 내 몸 속 길들은 "이미 죽은 나를 내가 오래 지켜본" 응시의 압력으로 터지는 것이다(③). "내 눈알 속으로 부리를 들이미"는 까마귀떼는 내가 "눈뜨자" 날아든 것들이고(④). "뜨거운 모래를 뿌려대는" 당신은 "아침에 눈을" 뜨자마자 내가 떠올리고 마는 떠나간 당신이다(⑤). 눈을 뜨지 않았다면 까마귀떼는 흔적조차 없었을 것이며, 깨어 있는 한 나는 당신을 잊을 수가 없다. 이 모든 마음의 풍경들은 그것의 발생기에게 필연적으로 조건지어진 것이며, 그 발생기 혹은 연출자는 바로 다름아닌 '나'다. 그러니, "내 안에 백마가 들어오면 어쩌나" 하는 숨막히는 불안은 이미 나에 의해서 이미 기정 사실화된다(②). 내가 불안에 떨자마자 벌써 "백마 안으로 환한 기차가 들어오고 기차에서 어두운 사람들이 내린다." 단순히 TV 속의 장면을 그대로 묘사한 듯이 보이고, 따라서, '나'와 전혀 무관한 듯이 보이는 ⑦마저, '시는 일인칭 진술'이라는 상식적인 정의에서가 아니라, 우리가 앞으로 보게 될 조작적 절차(외부의 내면화)에 의해 바로 나에 의해 연출된 것으로 읽히게끔 구조화되어 있다.

나는 잔혹의 풍경을 연출하는 자이며 동시에 연기자다. 이 교묘한 1인 2역은 그의 두번째 무대에 가면, "나는 내가 모든 학생인 그런 학교를 세울 수 있지. 쉰 살의 나와 예순 살의 내가 고무줄 양끝을 잡고, 열 살의 내가 고무줄 뛰기 하는 그런 학교. 이를테면 말이야. 지금의 내가 기저귀 찬 나에게 엄마 엄마 이리 와 요것 보세요 말을 가르칠 수도 있고, 여중생인 나에게 생리대를 바르게 착용하는 법도 가르칠 수 있을 거야"(「내가 모든 등장인물인 그런 소설 1」) 하는 식의, "수많은 나와 가출해 추위에 떠는 나"의 수많은 분열 조합으로까지 발전한다. 아무튼 최초의 무대에서 연출자-나는 온 세상의 잔혹을 몽땅 불러모아 그것들의 집약적 장면들을 편집해 보내며, 연기자-나는 잔혹의 풍경들을 실연한다. 이 연출자-나와 연기자-나가 하나로 뒤섞일 때, "이놈들아 깨부술 테면 빨리 빵꾸내줘라"(「타락천사」)라는 강렬한 외침이 터져나온다. 이 시구의 흡인력은 단순히 그 어조의 강도에서 나오는 것이 아니다. 화자의 복합성이 독자를 시 읽기-쓰기의 복합 주체로 몰고 가는 전이 작용을 일으키기 때문이라고 풀이해야만 한다.

당연히 독자는 묻는다. 왜 그러는가? 시가 일인칭 진

술이라면 시의 구문은 이렇게 모델화될 수 있다: '나는 무엇이다.' 지금까지 본 광경에 의하건대, 그 무엇은 잔혹 속에 처해짐이다. 이것을 좀더 단순화해 '나는 고통받고 있다'는 일반화된 서식으로 옮길 수 있다. 그런데, 김혜순의 문법은 그렇게 이루어지지 않는다. 그의 구문은 '나는 고통이다'도 아니다. 왜냐하면, 그 나는 실존적 나가 아니라 고통이라는 실존을 연기하는 나이기 때문이다. 그렇다고 '고통이 나에 의해서 펼쳐진다'도 아니다. 왜냐하면, 나는 스스로 연기자임을 공표하지 않기 때문이다. 그의 구문은 차라리 '나로 하여금 고통이게 만든다'이다. 이 구문은 주어가 생략되어 있다. 무엇이 나를 고통이게 만드는가? 우리는 그 무엇이라는 공백에 쉽게 나를 집어넣을 수 있다. 내가 나를 고통이게 만든다. 그러나, 그것은 상황의 재현 이후에 가능한 기입이며, 그 자체로서는 모호하기 짝이 없는 말이다. 진술 주어 나와 상황 주어 나는 같은 존재가 아니다. 어떤 게 진짜 나인가? 진술 주어가 진짜 나인가? 그렇다면, 왜 진짜의 나는 또 하나의 나를 분리시켜야만 했을까? 상황 주어는 나의 고통스러운 세상 인식을 대리해 보여주는 존재이거나 아니면 세상은 고통스럽다는 거짓 선전을 나의 명령으로 퍼뜨리는 꼭두각시이다. 그러나, 둘 다 김혜순의 시에는 맞지 않다. 전자라면, 두 주체의 분리가 불필요했을 것이고, 후자라면, 그것은 독자에 대한 희롱, 의도적인 제스처 혹은 능청스런 기만이 동반되어야 한다. 그러나, 김혜순의 시에서는 그런 음모의 흔적이 없다. 연기자-나가 "가슴속이 폐차장이 된 거 같애/몸 속이 과속으로 늙는 것 같애"(⑥)라고 말할 때, 독자는 그 말을 행위자-나도 넘고 화자-나도 넘어서 시인 자신의 지극히 솔직한 고백으로 읽을 수 있을 정도이다. '나'는 구조적으로는 연기자인데, 연기로서의 고통과 실존적 고통의 경계를 거의 찾을 수 없기 때문에, 기능적으로는 실존 인물이다.

그러니까, 진짜 나는 둘 다이거나 혹은 둘 다 아니다. 아니, 그렇다면, 차라리 누가 진짜 나인가, 라는 물음은 무의미하다. 중요한 것은 실존적 감정을 연극화하는 필연성이다. 그 필연성은 결국 '나'가 혼자 북 치고 장구 치는 이 연극 무대의 실질적인 주체는 '나'가 아닌 다른 무엇일 수밖에 없다는 결론으로 향하게 한다. 나를 무대에 올려야 할 필요를 느끼는 것은 나일 수 있지만, 그런 나를 결정짓는 것은 나가 아니다. 그 무엇이 도대체 무엇인가?

내가 아닌 그 무엇이 무엇인지 알 수 없지만, 그것을 인정할 때 독자는 스스로 김혜순 시의 제일 밑바닥에 놓여 있다고 조금 전에 파악한 그 잔혹한 풍경의 세계의 아래에 놓여 있는 또 다른 세계를 발견할 수 있다.

시들이 가리키는 바에 따르면, 그 세계는 첫 무대의 적나라하고 폭발적인 세계와 정반대의 꼴을 하고 있다. 가령, 그 세계는 "눈을 감았다 떠도 여전히 암흑"인 세상이다. 그 세상은 또한

> 여기가 어딘가
> [······]
> 나는 손을 뻗어 벽을 만져본다
> 벽은 검은 뼈 조롱 속에
> 물컹거리는 내장을 담아들고
> 옆으로 비스듬히 누워 있다
> 이 벽은 수만 가지 동작을 삼킨
> 시간 주머니처럼 비밀이 많다
>
> ―「연옥」부분

에서처럼 벽에 의해 완강히 봉인된 "물컹거리는 내장"을 담고 있는 세상이고, 그 벽이 뚫리면, "진물이 쏟아져 흐"(「傷寒」)르는 세상이다. 이쯤 되면, 첫번째 무대의 잔혹 풍경의 의도성의 양태가 분명한 윤곽을 그린다. 그 잔혹성의 폭발은 이 물컹거리는 비밀을 터져 흐르게 하는 것이다. "이 몸의 스크린만 찢고 나면/내 몸에서 홀로그램이 터져나온다"(「타락천사」)고 화자가 외치는 것도 같은 의지에 속한다. 그래서, 이 벽 안의 세

상, 장판 밑의 세상 앞에 막히면, 화자는 첫 무대의 몸짓과는 정반대로 "안간힘 다해 스위치를 올린다." 이 세상은 그 첫 무대의 풍경의 "거울 속 세계," 다시 말해 반대칭의 세계이다. 그러나, 이 인과율의 사슬은 함정이자 동시에 암시이다. 그것의 반-대칭적 특성에 의해 거울 속 세상은 바깥 세상이 감추고 있는 감정의 속살로 읽힐 공산이 크다. 그러나, 공산公算은 공산空算이 될 공산이 크다. 거울 속 세계를 자세히 보라. 단지 화자의 태도만 거꾸로 되어 있을 뿐, 실제의 내용은 거울 밖 세상의 잔혹한 풍경과 하나도 다를 바 없다. 화자는 그것을 비밀로 여기기는커녕 오히려 그 안이 물컹물컹해서 터지면 홀로그램이 터져나오고 진물이 질질 흐르리라는 것을 뻔히 알고 있다. 그렇다면, "여전히 암흑"인 것은 거울 속 세계가 아니라 다른 것이리라. 과연, "비밀이 많다"의 정확한 주어는 거울 속 세계가 아니라, "벽"이 아닌가. 문제가 되는 것은 벽이며, 바로 그 벽이 완벽한 거울이 되어 거울 밖 풍경을 되비추기만 할 뿐이라는 것이다. 이 벽-거울이 바로 김혜순 시의 최초의 무대 뒤에 숨어 있는 뒷무대, 배후이다.

삶을 되비추면서 완벽한 암흑만 보여주는 이 배후에 대한 인식이 그의 세상 인식이라는 것은 지금 그의 시를 다시 읽어보면 쉽게 알 수 있다. 이 배후는 "수천 개의 수상기들이 철썩거리는 소리/내 애인에게 푸른 옷 입히는 소리"(「青色時代」)에서처럼 모든 신호들을 푸른색으로 획일화하는 세상이며, "비 세차게 쏟아지는 날 저녁" "이 산맥은 왜 이리 넘어도 넘어도 끝이 없나"(「소나기 속의 운전」)의 숨막히는 자동차 속에서 본 산맥이고, "잘 다려진 주어主語들이/비닐을 쓰고 걸려 있다/먹어치운 물처럼 기억은 사라져도/노래는 남는 법!"(「내가 모든 등장인물인 그런 소설 2」)에서의 망각 속의 환희를 즐기는 잘 다려진 주어들이며, "너의 얼굴 속 산맥과 바다/높이도 없고, 깊이도 없는/납작한 네 얼굴/어쩌란 말이냐"(「나의 너에 대하여」)의 납작한 네 얼굴이고, 그리고 결정적으로 "이 몸의 스크린"이다. 이 배후는 바깥 세상 그 자체이고, 집합체 속의 삶이기도 하며, 주체로서 끊임없이 호명당하는 민주 시민들이기도 하고, 그리고 실존적 대화 상대자로서의 '너'이자 또한, 바로 '나'이다.

드디어 두 겹의 문이 한꺼번에 열린다. 독자는 앞에서 왜 그러한가? 라고 물었다. 그 질문은 두 가지로 나뉜다. 왜 나는 연출자이며 동시에 연기자인가? 그가 인식한 세상의 풍경 속에 나 또한 가담해 있기 때문이다. 그러니, 세상에 대항해 시를 조형해내는 연출자 나는 세상 밖의 "어떤 구속도 없는sans attaches" 존재일 수가 없다. 그 자기 인식이 '나'의 분열이라는 방법적 절차를 낳는다. 다음, 왜 이렇게 잔혹한 풍경을 보여주는가? 흔히 사람들이 말하는 것처럼 세상은 고통스럽지 않기 때문이다. 오히려 세상에서 문제가 되는 것은 기억의 망각이고 태초의 비명의 은폐이다. "기억은 사라져도 노래는 남는 법"의 그 기억과 "환한 아침 속으로 들어서면 언제나 들리는 것 같은 비명"의 그 비명을 세상의 벽-거울은 감쪽같이 감추는 것이다. 그래서, 그 거울도 무언가를 비추긴 하지만, 그것의 "탐조등은 한번씩 우리 머리를 쓰다듬"(「비에 갇힌 불쌍한 사랑 기계들」)을 뿐이고, 세상의 흐름은 "비 오듯 시간은 떨어져 전동차 밑으로 사라져"(「서울 2000년」)가는 무의미한 소실, 속도 속에서 삶의 뜻을 끊임없이 갉아먹히는 그런 흐름일 뿐이다. 세상은 고통스럽지 않다. 오히려 세상은 한결같고 권태롭다. 이런 세상의 "사람들은 죽음으로 인생을 시작하고/태어남으로 인생을 마감한다"(「연옥」) 왜냐하면, 세상이 한결같다면, 태어나자마자 인생을 이미 다 살아본 것이 되기 때문이다: "그의 얼굴 속에서 이미 지구는/지구의 시간을 다 살아내었다"(「내가 모든 등장인물인 그런 소설 3」). 그래서 세상의 삶이란 "피륙이 길어진다/나를 언제 놓아줄 텐가/네 얼굴 위로 트렁크를 질질 끌고 나는 간다"(「나의 너에 대하여」)에서처럼 끝없이 길어지기만 하는 피륙이고, 모든 세상의 기호들은 "붉은 낙태아처럼 말이 없"는 "전화기"(「비에 갇힌 불쌍한 사랑 기계들」)이다. 그러니, "만약 한 사람의 일생을 지구 한

바퀴 도는 것에 비유할 수 있다면/나는 지금 사하라에 있다"(「미라」). 또는, 나는 "피어보지도 않고 시든 늙은 아이"(「고리타분한 시인과 발랑 까진 애인」)일 수밖에 없다. 나는 생의 비명에 대한 기억을 완벽히 잃어버렸고, "내 입술 모양을 기억하는 건/저 설거지통 속의 은수저뿐"(「傷寒」)인 것이다. 결국 그는 잘못 태어난 것이다. 태어나는 순간, 그의 유전자에서 누군가가 기억의 염기를 지져 폐색시킨 것이다.

그러나, 그 봉쇄가 때로는 사소한 실패를 남기기도 하는 모양이다. 완전히 기억하진 못해도 기억의 흔적을 가진 자가 있으니 말이다. 아니, 그 봉쇄가 완벽했을 수도 있으리라. 그러나, "우리는 함께 벌거벗은 채/파도를 탄다 달빛이 우리의/벗은 몸을 씻는다 우리의 두 꼬리가/황금빛 바다를 탕탕 친다"(「수족관 밖의 바다」)와 같은 광경이 보여주는 바와 같은 세상의 장식적 기호들이, 그 자체의 힘의 범람으로 인하여, 필경 "가도가도 메마른 바다 삶은 언제나 죽음의 나선형 주머니"라는 세상의 지시적 지표로 둔갑할 수도 있으리라. 어느 쪽으로부터 유래하든 이 거리, 극단적 불일치를 절실히 느낀 자는 스스로 잔혹의 연출자-연기자가 되지 않을 수가 없었던 것이다. 그는 "폐경의 바다가 다 마르고/조개들이 타오른다"(「미라」). 그는 "그의 눈이 터진다. 나를 바라보던 날마다의 눈동자들이 터져 흐른다"(「블루의 소름 끼치는 역류」)에서처럼 '날마다'의 천편일률적인 일상성을 폭파시키는 가상 테러를 감행할 수밖에 없는 것이다. 또 다른 의미에서도 그는 망가진 유전자이다.

변질된 유전자의 구문-모델을 독자는 "무엇이 나로 하여금 고통이게 한다"로 요약하였다. "나는 고통한다"는 일반적인 반-세계적 담론에 속하며, 그것은 많은 문학의 출발점에 놓여 있다. "나는 고통이다"는 "나는 고통한다"의 상징화이며, 그것은 몇몇 예외적인 문학의 귀결점에 놓인다. "고통이 나에 의해서 펼쳐진다"는 특성있는 반-세계적 담론에 속하며, 그것은 꾀바른 문학적 절차 중의 하나로 자주 쓰인다. 그에 비해 "무엇이 나를 고통이게 한다"는 일반적인 문학의 장 안에서 거의 볼 수 없는 특이한 담론을 이루며, 따라서 그것은 반-세계적이며 동시에 반-문학적인 기능을 가진다. 반-세계적인 문학적 절차를 이룬다는 것은 그것이 스스로 연루된 세계에 대한 비판적 성찰을 연루자로 하여금 수행케 하는 효과적인 시적 장치라는 것을 뜻하며, 그런 점에서 개념적인 차원에서는 번다하지만 실천적인 차원에서는 희귀한 방법론 중의 하나를 시인이 개발해냈다는 것을 뜻한다. 그것이 반-문학적인 기능을 또한 가진다는 것은 '감각'으로부터 '의식'에 이른다는 고전적 정신분석의 심리 이행 도식을 따르지도 않으며,

특히, 교양소설적인 의미에서의 '세계 인정과 수락'이라든가 『시학』의 카타르시스와 같은 고전적 문학 이론의 도식을 거부한다는 것을 뜻한다. 거부의 이유는 명백하다. 그러한 방법적 도식들이 공통적으로 주체의 항상성과 궁극적 안정성에 기초를 두고 있고(왜냐하면, 세계 인식의 출발점으로부터 모험을 거쳐 세계 이해의 도달점에 이르기까지의 모든 행위의 권리를 '나'에게로 귀속시키기 때문이다), 따라서 알게 모르게 세상 운용의 전략 속에 동화되고 말기 때문이다. 다음의 시구는 이 차이를 직관적으로 보여준다.

> 지구의 밤, 이 밤의 망상을
> 오래오래 끓이면
> (나는 뚜껑을 열어 끓고 있는
> 내 골을 들여다본다)
>
> [……]
> 직원은 마치 별 얘기를 하고 있는 것 같아
> 이 망상을 오래오래 끓이면
> 밤하늘 신생의 별들이 터져나오죠
> (봉투를 잘못 뜯었나
> 끓여서 냉동 건조시켜 넣어둔
> 바싹 마른 별들이 싱크대 위에 쏟아진다)

—「궁창의 라면」부분

"이 망상을 오래오래 끓이면/밤하늘 신생의 별들이 터져나오죠"는 시구만 떼어서 읽을 경우 김혜순 시의 첫 무대를 그대로 보여주는 듯하다. 그러나 형태의 유사성은 종종 정반대의 세상을 강조하기 위해 동원된다. 실로, 그것은 '직원'의 말이지 시의 말이 아니다. 그 직원이야말로 '나는 고통한다'라는 상투화된 문장의 대리인이다. 이 세상의 고용인은 허기의 고통으로부터 즐거운(맛있는) 모험을 거쳐 포만의 행복에 이르는 길을 제시하고 있다. 이 모형 구문이 펼쳐보일 고통→행복의 이행로를 시는, 그러나, 그의 지도에 표시해놓고 붉은 가위표를 친다. 그리고 바로 직전에 허망의 단애를 설치한다. 망상을 오래 끓이면 탈진한 망상의 우수마발들이 쏟아질 뿐이다. 그 망상이 어디에서 오는가? 그것이 희망이라는 이름으로 실천되는 것은 바로 '나'를 통해서이다. 그 희망, 그러나 곧 망상의 소모로 귀착할 뿐인 그것이 바로 내 골 속에서 끓고 있다. 나는 나-주체에 대한 주체의 환상을 통해 비쩍 마른 객체로 전락해간다. 시의 화자는 그 과정의 전체를, 드러난 본문과 괄호 속에 닫힌 본문을, 환상과 실제의 양 극단을 스스로에게 연기케 한다. 이 공연 속에서, '나는 고통한다'는 구문은 "……이 나를 고통이게 한다"로 이행하고, 주관성의 환상은 괴로운 성찰의 벽에 걸린다.

물론 이 모형-문장이 그대로 시의 본문들에 직역되는 것은 아니다. 모형-구문이 의미를 띠는 것은 그로부터 아주 다양한 실천과 모험이 솟아나기 때문이다. 첫번째 무대의 회랑을 가로질러 나아가면, 그 무대의 배경 복사가 성운들과 만나 휘는 장소들에서 새로운 가설 무대가 열리는 것을 볼 수 있다.

두번째 무대는 김혜순 시의 최초의 시적 전략이 확산되는 장소이다. 그 시적 전략의 배경에 차원 이동이 있고 그 활동은 연기-연출의 동시성이다. 두번째 무대에서 활동은 지속되고 배경은 팽창한다. 최초의 무대에서 차원 이동은 기원의 현재화, 의혹의 공포화, 공포와 주체의 등가성 등을 보여주었다. 두번째 무대에서 공포-주체는 확산된다. 나의 분열 생식이 계속되는 것이다. 첫번째 무대에서 공포가 주체의 전실존으로 나타난 것은 "모든 외부를 몸 속에 품"(「연옥」)어 "연옥이 몸 속으로 오그라붙"었기 때문이다. 이 공포의 가상 상황이 현실의 권태를 폭파시키기 위한 것임은 이미 말했다. 좀더 정확하게 말하면, 무의미를 반사하기만 하는 현실이라는 벽-거울을 깨뜨리기 위해서이다. 만일 깨뜨릴 수 있었다면, 그는 당연히 기억의 시원을 향해 날아갔을 것이다. 이 공포를 본래의 의혹으로 되돌리기 위해서. 그 의혹으로부터 대답을 얻기 위해서. 그러나, 깨지는 것은 세상이 아니라 바로 연옥인 나이다.

그것은 우선 전략의 연속으로서 그러하다. 외부의 내면화는 당연히 외면화될 것들의 증식을 야기한다. 모든 외부가 몸 속에 들어올수록 내부의 밀도가 높아가고, 들어찬 바깥 것들은 "삽시에 나 먹어치울"(「나는 고것들을 고양이라 부르련다」) 기회만을 노린다. 몸 속으로 오그라든 연옥은 곧 시한폭탄의 시침 소리를 재깍거린다. 위험에 처한 내가 할 수 있는 일은 서둘러 이 바깥 존재들을 다시 내보내는 것이다. 그러나, 바깥 존재들은 내부로 들어온 순간 나와 하나로 융합되어버린다. 그 딜레마를 그로테스크한 풍경으로 보여주는 대표적인 예가 「백마」이다. '나'는 갑자기 백마 한 마리가 방 안을 점령하면 어쩌나 하는 공포에 사로잡힌다. 그러나 앞에서 보았듯이 그 끔찍한 예감에 사로잡혔을 때 이미 백마는 안에 들어와 있다. 백마와 함께 어두운 사람들도 들어와 있다. 그 어두운 사람들 중 가장 어두운 사람이 "빈 집에 들어가 농약을 마시고 뛰어나온 그녀"이다. '나'의 안에는 큰 눈동자 안에 나를 가두는, 즉 나의 전 존재를 삼켜버리는 백마와, 그 백마에게 벌써 사로잡힌 인물들이 동시에 들어와 있다. 나의 내부에는 백마와 나의 대리 표상들이, 즉 궁극적으로는 바로 나 자신이 한데 엉켜 있는 것이다. 나는 여기에서 나의 대리 표상을 억지로 분리해낸다. 그렇게 분리된 존재가 바로 그녀이다. 나는 그녀를 지시함으로써 '백마가 들어찬 존재는 그녀이고 나에게는 아직 백마가 들어오지 않았다'는 각본을 쓴다. 그리고 공포의 실존을 그녀와 함께 밖으로 몰아낸다. 그러나, 물론 공포의 예감은 여전히 나를 얼어붙게 한다. 왜냐하면 공포는 '나'의 목표이기 때문이다. 그래서 전개된 시구가 "그 희디흰 말이 몸 속에 새긴 길들을 움켜쥐고 밤새도록 기차 한 대 못 들어오게 하면 어쩌나"이다. 초두에서 그 기차는 '나'의 내부로 들어올 백마 안에 들어 있던 것이다. 그러던 것이 그녀의 내부로 옮아간다. 이 과정은 다음과 같은 도해로 나타낼 수 있다. 우선, 진술의 순서에 따라 포함 관계항들을 차례로 늘어놓으면 다음과 같다.

 나 ⊃ 백마 ⊃ 기차 ⊃ 그녀 ⊃ 백마

 이 그림은 상식적으로는 해명될 수 없는 그림이다. 백마 안에 들었던 그녀 안에 백마가 들었기 때문이다. 위의 풀이에 따라 이 그림을 이렇게 바꾸면, 이해 가능한 그림으로 바뀐다.

 나 ⊃ 백마 ⊃ 기차 ⊃ 그녀
 그녀 ⊃ 백마 ……………/(나 ⊃ 기차)
  :

:
　　　:

그녀는 나의 내부로부터 어느새 외부로 나가 나와 똑같이 한 마리 백마를 품게 된다. 실제로 시의 본문은 먼저 그린 그림이 과장되었음을 보여주고 있다. 문제가 되는 구절을 보자.

　백마 안으로 환한 기차가 한 대 들어오고 기차에서 어두운 사람들이 내린다/해가 지고 어스름 폐가의 문이 열리면서 찢어진 블라우스를 움켜쥐고 시커먼 그녀가 뛰어나오고 별이 마구 그녀의 발목에 걸린다 (단절 표시금은 인용자의 자의에 의함)

　시를 읽으며 독자는 직관적으로 '그녀'가 "기차에서 내린 어두운 사람들" 중의 하나라고 판단했다. 그러나 이 구절을 문자 그대로 읽으면 독자의 판단은 잘못된 것이다. 어두운 사람들은 기차에서 내리고, 그녀는 폐가에서 뛰어나왔기 때문이다. 독자의 오독을 유발한 것은 이 두 구절의 의미론적 인접성 때문이다. 중개항이 두 개별항을 감싸고 있을 때 환유가 이루어진다는 일반수

사학파의 정의를(그 기본적인 사항에 국한하여[1]) 동의한다면, 빗금을 사이에 둔 두 문장과 그 주어들은 완전히 상이한 세계를 그리고 있는데도 불구하고 어둠 속에 포괄됨으로써 환유 효과를 일으킨다는 것을 알 수 있다. 이 효과의 기본 도식은 이렇게 표현될 수 있을 것이다.

헌데, 시인이 그의 기교를 여기에서 그쳤더라면, 독자의 오독률은 줄어들었을지도 모른다. 오독의 가능성을 높인 것은 이 기본 절차에 덧붙여진 후속 절차들이다. 크게 두 가지. 우선, 중개항의 어둠은 출발항과 도착항을 모두 수식하지만 그 의미는 아주 다르다. "어두운 사람들"의 '어두운'은 그것 자체가 '불행한' '불운한' 등의 비유어이다. 그에 비해 "해가 지고 어스름 폐가의

---

[1] 주석이 필요할 것 같아 부기한다: "기본적인 사항에 국한"한다는 말은 두 제유의 겹침으로 은유를 정의하고, 두 제유의 병합을 환유로 이해하는 '일반수사학파'의 기본 관점에 동의하지만, 그 세부 풀이에 대해서는 동의하지 않는다는 뜻이다. 오히려, 나는 이 기본 관점을 야콥슨—라캉(일반수사학파가 반대하는)의 유사성(선택)/인접성(이동)의 방향으로 풀어나가는 것이 낫다고 생각한다. 이에 대해서는 따로 글을 준비할 예정이다.

문이 열리면서 [……] 그녀는"에서의 '해가 지고' '어스름' '폐가' 등은 '그녀'라는 인물의 물리적 배경이다. 따라서, 이 중개항 어둠 자체가 환유적인 연결의 결과로 태어난 것이다. 그림을 그려보자.

이 숨어 있는 제2의 환유만이 있는 것이 아니다(꼼꼼히 보면, 이 밑층에 '어스름'과 '폐가' 사이의 환유가 또 있다는 것을 알 수 있다). 통사론적 차원에서 "어두운 사람들"과 "시커먼 그녀"는 은유 관계를 이룬다.

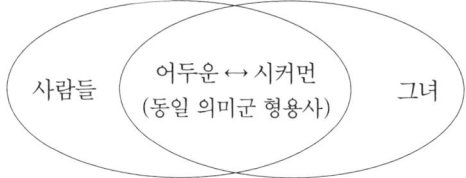

이 환유의 중첩과 통사론적 은유는 두루 가속 장치로서 기능한다. 다시 말해, 그것들은 "어두운 사람들"과 "그녀" 사이에 벌어지는 틈새들을 연속적으로 봉합하면서 사람들과 그녀를 한 부류로 인식하게 하는 분위기를 물샐틈없이 몰아가는 역할을 한다. 이 시의 난

해함이자 매력은 바로 이러한 전반적인 동일화의 흐름과 사실적 인접성 사이의 미묘한 길항에 있다. 독자가 그 길항을 제대로 읽을 때, 그는 공포의 예감자로서 화자를 떼어놓는 한편으로 공포의 수탁자로서의 외적 존재들을 무한히 증식해 내보내려는 시인의 무의식적인 전략을 이해할 수 있다. 이 전략을 통해, '나'는 한편으로 영구 동력의 형상 발생기로서 설치되고, 다른 한편으로 무수히 분화되어 바깥으로 튀어나가 온 세상을 뒤덮는다. 마치, 모든 외부를 '나'의 안으로 오그라붙게 한 세상의 폭력에 맞대응하기라도 하듯. "우리들 그림자를 뭉친 다음 입김 불어 눈뜨게 한 쥐가" "잠에 빠진 흰 토끼를 갉아먹"고, "요람에 든 새 아가를 갉아먹"고, "이제 땅속에 갓 묻힌/싱싱한 시체의 몸 속을 드나든다"(「이 밤에」).

"내가 모두 등장인물인 그런 소설"은 그렇게 해서 씌어진다. 사하라 사막에서 "감싸안은 누더기들이 부서져 날"(「미라」)리는 것도 그 때문이다. "바람도 안 부는데/굽은 길들이 툭툭/몸 안에서/몸 밖으로/부러져나"(「겨울 나무」)가는 것도 까닭이 있는 것이고, "서울을 한바퀴 도는 데 두 시간도 안 걸"(「서울 2000년」)리는 지하철을 뱅뱅 맴도는 이유도 거기에 있다.

그러나, '나'의 운동의 안전 장치로 기능하는 이 분화와 확산은 그러나 동시에 실패의 실마리가 된다. 나의 근본적인 희원은 두께도 무게도 없이 완강한 세상의 벽-거울을 폭파시키는 것이었다. 그것을 뚫고, 최초의 비명, 말이 생성되었던 시원의 자리로 거슬러 올라가기 위해서였다. 하지만, 나의 분화는 벽-거울에 되튕겨 바깥으로 퍼져나가는 것이지, 안으로 열려나가는 것이 아니다. 그가 아무리 밖으로 퍼져나가더라도 안에 갇힌 비밀은, "황인종도 아니고 만딸도 아니고 더구나 김혜순도 아닌 아이"(「내가 모든 등장인물인 그런 소설 3」)는 항구히 갇혀 있다. 바깥의 표상들은 허무한 대리물들에 지나지 않는 것이다. "다리가 아프도록 돌아보는 초상화 관람 끝이 없"(「박물관 온데간데없고」)는 것이다.

대리물의 무한 순환을 황당한 희극, 혹은 비희극으로 보여주는 시가 「서울 2000년」 「현기증」이라면, 그것을 그로테스크한 재앙적 이미지로 보여주는 것은 「다시, 나는 너희들을 뮤즈라 부르련다」이다.

> 이게 도대체 누구의 어항 속이냐?
> 거울 미로에 빠진 사람처럼 오늘 난 눈을 뜰 수가 없다
> 눈길 가는 데마다 전부 나다

로 끝나는 「현기증」은 삶의 다양성이란 "그 누군가의 동공"인 태양의 빛에 사로잡혀 있고, 하늘이라는 어항 속에 갇혀 있는 것에 불과하다는 자조적 인식을 드러내

고, 「서울 2000년」의 마지막 구절

> 왕십리에서 떠난 사람은 아무도 없다 나는 승차표의
> 마그네틱 선에 새겨진 시간을 넘겼다 아마 나는
> 개찰구에서 순환선 역무원에게 손목을 잡히리라

는 꿈과 현실의 터무니없는 거리가 야기하는 한판의 코미디를 보여준다. "손목을 잡히리라"가 풍기고 있는 은근한 관능성은 시간을 넘긴 탓으로 요금을 더 물어야 한다는 사실적 배경에 의해 무참하게 사그라드는 것이다. 이 씁쓸함, 코미디가 단순히 우스꽝스러울 뿐이겠는가?

나 죽으면 모두 야생이 될 뮤즈들이, 아니 죽어서 더 맹렬하게 번식할 뮤즈들이 우리집 하나 가득, 그런데도 오늘 낮 나는 외눈박이 컴퓨터 뮤즈의 등에 이 글들을 새겨 넣었다

> ──이사 올 때 나는 눈이 파란
> 흑고양이 뮤즈를 버리고 왔다
> [……]
> 새집 창문에 올라붙는
> 밤새도록 울부짖는
> 흑고양이 뮤즈를 보고야 말았다

─「다시, 나는 너희들을 뮤즈라 부르련다」 부분

그 흑고양이 뮤즈 때문에 모든 뮤즈들은, "새로 산 냉장고 뮤즈"마저(그러니까 가장 냉랭한 자마저) "밤새도록 무서워 떨었다."

이 재앙적 이미지에서나, 희비극적 풍경에서나, 기본 구도는 똑같다. 「현기증」의 태양(누군가의 동공)─거울 미로 속에 빠진 '나'들─눈 못 뜨는 나의 관계망은 이 시에서의 외눈박이 컴퓨터 뮤즈─번식하는 뮤즈─버림받은 흑고양이 뮤즈의 관계망과 동일하다. 「서울 2000년」의 역무원─지하철의 사람들/『삼국사기』 속의 인물들─의미가 죽은 『삼국사기』(史記→死記)의 관계망도 마찬가지이다. 왜 이 기본 구도가 되풀이되는가? 제1항과 제2항 사이의 무의미한 이음과 제2항과 제3항 사이의 치명적인 단절 때문이다. 정신분석학적 관점에서 보면, 모든 분열의 근원은 원-분열이라고 이름붙일 수 있는 심층 차원의 단절에 있다. 결코 돌아갈 수 없는 그 자리 때문에 이렇게 "누가/만 원에 산 어항처럼"(「토요일 밤에 서울에 도착한다는 것」) 무턱대고 흔들리며 갖가지 꾀를 부리는 것이다. 치명적인 단수성의 부재가 무수한 복수성의 장난을 낳는 것이다. 왜냐하면, 그 복수성이란 결국 결여된 홀수, 혹은 홀수 결여의 되풀이된 강박적 놀이에 불과하기 때문이다. 그것들은 "내가 입김 불어넣어 만든 허방"(「달」)에 지나지 않는다.

두번째 무대의 이면을 드러내는 이 세번째 무대에서 독자는 '나'의 전략적 확산이 필경 자가당착에 이르는 것을 본다. 내가 나를 분열 확산시킬수록 "기억의 집 유리창들이 아픈 풍경화를 담은 채/한장 한장 덜컹거리며 깨어졌"(「한라산 장마, 입산 금지」)고, "쇠줄에 묶인 개처럼/저 불쌍한 사랑 기계들/아직도 짖고 있"(「비에 갇힌 불쌍한 사랑 기계들」)는 꼴을 벗어날 수 없다. 물론 독자가 보는 그만큼, 시인도 그것으로 인해 고통한다. 정말 시인은 여기 와서 '나는 고통한다'의 주어가 된다. 그러나 이 모델―구문은 상투적 모델―구문의 대척지에 위치해 있다. 왜냐하면, 그 구문은 '나는 세상 때문에 고통한다'가 아니고, '나는 나를 고통한다'이기 때문이다.

나의 문제틀은 나이며, 따라서 나는 나의 안으로 열고 나가야 한다. 그 안, "검은 거울 속 그 나라에 사로잡"(「빙의」)힌 내가 해야 할 것은 시원으로의 역류이다.

  나는 너의 시계를 한번도
  울려보지 못했다 그리고 그 누구도
  내 핏덩어리 시계를 건드리지 않았다
  　　　　　　　　　　　―「핏덩어리 시계」 부분

모든 타자들의 문제틀도 타자의 시원이다. 저마다 그 시원으로의 역류를 감행하지 않는다면, 나와 너의 만남은 결코 의미를 띠지 못한다.

이 "핏덩어리 시계"로부터 나는 벗어날 수 없다. 핏덩어리 시계는 나의 검은 거울이며, 나는 시간성의 숙명에 사로잡힌다. 나의 분열 생식이 일반적으로 나이의 분해로 나타나는 것은 그 때문이며, 그가 지하철을 타고 서울을 맴도는 동안 『삼국사기』를 읽는 것도 그 때문이다. '나'는 이제 시간의 엄혹한 선을 따라가야만 한다. "발랑 까진 애인"은 "11a부터 25a까지를 먼저 본 다음 7의 b로" 자유롭게 들락거릴 수 있겠지만, "고리타분한 시인"은 "이 방들을 차례대로 다 지나야 밖으로 나갈 수 있"(「고리타분한 시인과 발랑 까진 애인」)다. 고리타분한 시인은 고릿적 세상으로 돌아가야 하기 때문에 고리타분하다.

그러나, 그렇게 거슬러 올라간다고 해서, 시간 줄기와 근본적인 단절을 겪고 있는 태초의 '나'를 만날 수 있을 것인가? 시간은 결코 시간을 해결해주지 못한다. 당골은 말한다: "저 비 위에 먹구름 있고, 저 먹구름 위에 보름달 있제?"(「한라산 장마, 입산 금지」). 당골은 보름달의 이름으로 나를 저 시원으로 끌어당기지만, "당골이 불러낸 일곱 살 먹어서 죽은 그녀의 동생과 떨어져버린 내 아기가 밤새 빗줄기 타고 하늘로 오르다 떨어져 보채곤 했"을 뿐이다. 왜? 거슬러 올라가면 올라갈수록 그는 의미의 희박함에 질식하기 때문이다.

순간 우리들 발이 지상으로부터 몇 센티씩 들려 올라가고, 발 아래로 수억만 개의 푸르게 짓뭉개진 하늘이 만발한다. 그 순간, 나에겐 몸 속에 난 어둠의 길들은 증발하고 없다. 높은 곳의 희박함이 깊은 곳의 질척거림을 버리게 했나? 모두 입을 벌린 채 얼이 빠진 듯.
―「쿠스코에서의 사진 한 장」 부분

얼이 빠지는 순간은 동시에 생의 공기가 제로치를 기록하는 순간이다. "사진 속 라마가 그 긴 속눈썹을 하나씩 일일이 열자" 이 희박성의 자리에 세상의 질척거림이, 물리 법칙대로 들어차기 시작한다: "그 발 아래 펼쳐졌던 실오라기 산길이 라마의 깊은 눈 속으로 빠져든다. 슬며시 우리들이 다시 반쯤 눈을 감는다. 하늘과 땅이 일제히 경첩을 닫는 소리. 옷매무새를 고친 각자의 얼굴에 몸 속으로 난 어두운 길이 한없이 새겨지고. 계면쩍은 듯 모두 카메라 앞을 떠난다."

순간적으로 시원의 경계에 다다르는 순간, 삶은 하얗게 지워진다.

집을 울리는 높은 소리는 여전히 거기 있었고
해는 마당을 하얗게 납땜하고 있었다
—「지워지지 않는 풍경 한 장」 부분

 네번째 무대는 단절된 수직성의 빗금이 비처럼 음악처럼 내리는 무대이다. 당겨 올라가지만, 끊임없이 우수수 떨어지고야 마는, 그래서 그 떨어짐 자체가 비애의 선율을 만들어내는 무대이다.

멀리서 보면, 밤에도 환한
꽃핀 것 같은.
그 속에 장대비 옮겨다니는.
하늘 높이 오르다가 떨어져
터져버리는
—「버스 기다리며 듣는 잠실야구장 관중석의 12가지 함정」 부분

 네번째 무대는 따라서 세번째 무대를 90도 회전시킨 것이며, 이 회전을 통해서, '나'의 전략과 그 전략의 숙명적인 비애를 전방위로 완결한다.
 여기에서 끝나는 것일까? 이 끝없는 도로의 시 공간적 되풀이. 재앙을 불러오고 재앙 속에 몰락해가는 끝없는 동일성의 순환에 머무르는 것일까?
 "언제나처럼 아비와 어미만 남는다 또 어미는 새끼

를 밴 모양이다"(「서울 쥐의 보수주의」)와 같은 구절을 보면, '나'의 비애는 거의 숙명적인 듯하다. 이 숙명성 위에서, 끊임없이 되풀이되는 도로의 실천이 그대로 읽는 이들에게 충격과 각성의 계기로 쓰여지기를 시인은 기원하는 듯하다. 그렇게 시인은 "텅 빈 시인의 몸이/전대륙에 걸쳐 죽음을 공급하는" 장소로 제 삶의 터를 정하는 듯하다. 그래서, "꺼져가는 가슴속 절터에 자꾸만 불을 붙여보"고 때로 "뜨거운 기왓장이 난데없이 발등을 치"(「불타는 절집 한 채」)면서 독자를 생의 의지와 죽음의 현실 사이에서 끊임없이 진동케 하려는 듯하다.

  그렇다면, 김혜순 시의 구문은 마침내 "나는 재앙이다"로 귀결하는 것일까? 독자가 앞에서 나누어보았던 구문-모델 들 중 두번째에 해당하는 것. 다시 말해, '나는 고통한다'의 상징화의 결과로서 고통 그 자체가 되는 것. 그러나, 재앙은 고통이 아니다. 무슨 말인가 하면, 고통은 광경이지만 재앙은 위협이라는 말이다. 시장에 화재가 나면 왜 열심히 달려가 구경하는가? 그것은 고통이 곧 광경이며, 광경의 축제를 제공하기 때문이다. 그러나, 재앙은 독자마저 고통 속으로 들어오기를 요구한다. 보라, "이 모래마저 들이마셔주기를" 화자는 요청하고 있지 않은가? 그러니까 '나'는 재앙이 아니다. 정확히 말하면, 나는 재앙의 터전이다. 이 점에서 2부의 '서시' 「환한 걸레」는 주목할 만하다.

물동이 인 여자들의 가랑이 아래 눕고 싶다
저 아래 우물에서 동이 가득 물을 이고
언덕을 오르는 여자들의 가랑이 아래 눕고 싶다

땅속에서 싱싱한 영양을 퍼올려
굵은 가지들 작은 줄기들 속으로 젖물을 퍼붓는
여자들 가득 품고 서 있는 저 나무
아래 누워 그 여자들 가랑이 만지고 싶다
짓이겨진 초록 비린내 후욱 풍긴다

가파른 계단을 다 올라
더 이상 올라갈 곳 없는
물동이들이 줄기 끝
위태로운 가지에 쏟아 부어진다
허공중에 분홍색 꽃이 한꺼번에 핀다

분홍색 꽃나무 한 그루 허공을 닦는다
겨우내 텅 비었던 그곳이 몇 나절 찬찬히 닦인다
물동이 인 여자들이 치켜든
분홍색 대걸레가 환하다

이 시는 얼핏 보기와는 달리 초현실주의적인 풍경을

펼쳐보인다. 화자는 언덕을 오르는 여자들에게 감동하지도, 그녀들과 동참하지도 않는다. 그는 그 "여자들의 가랑이 아래 눕고 싶다"고 말한다. 그 생각이 들자 "짓이겨진 초록 비린내 후욱 풍긴다." 이 비린내가 태초의 자리에 접근할 때마다 풍겼다는 것을 독자는 알고 있다. "밤의 살이 찢어지고 비릿한 피가 새어나왔다"(「月出」)에서의 그 비린내가 그렇고, "저 하늘이 미끌미끌하다/입술을 대니 비릿하다"(「현기증」)의 비린내도 본질적으로는 동일하다. "빠알간 핏길 위로/달이 발등을/밀며 치솟아오른다/달이 가는/그 길이 비릿하다"(「길을 주제로 한 식사 4」)는 직접적으로 비린내의 발생지를 지시한다. 비린내는 발등을 밀며 치솟아오를 때 풍겨나는 것이다.

그러나 위 시의 모양은 그것과 비슷한 듯하면서도 다르며, 아주 그로테스크하다. 한편으로 계속되는 상승이 있다(이 시가 달동네의 아낙네들을 묘사한 것이라는 현실적 참조 사항은 그냥 접어두기로 하자). 여자들은 물을 언덕 위로 끌어올린다. 언덕 위의 나무는 그 물을 받아 높은 줄기들까지 물을 끌어올린다. 그러나, 비린내는 그 물이 가장 높이 끌어올려진 지점에서 풍기지 않는다. 그것은 "여자들의 가랑이 아래"에서 풍긴다. 화자, '나'는 상상 속에서 그 아래에 눕는다. 왜? 문면에 따르면 "만지고 싶"어서다. 형태상으로는 가랑이 아래 누우면

상승하는 의지의 밑자리가 보이기 때문이다. 그 밑자리는 물론 뚫린 구멍인데, 그 움푹한 구멍이 실은 길게 이어지는 물관이 되는 것이다. 암컷이자 동시에 수컷이 되는 것, 어떤 남녀 양성의 생물에서도, 가장 외설스런 포르노그라피에서도 이런 그림은, 다시 말해, 암컷의 기능을 하는 것이 그대로 수컷의 기능을 맡는 그림은 가능하지 않다. 문면 그대로도 이런 그림은 가능하지 않다. 어떻게 물동이를 오르는 여자의 가랑이 아래에 누워서 가랑이를 만질 수 있단 말인가? 손을 내미는 순간, 여자들은 저만치 높이 올라가 있을 것이다.

  이 시의 초현실주의는 여기에서 나온다. 그 초현실주의는 만남이 불가능한 두 개의 극단으로 하나의 판을 짠다. 땅 위에 남는 그 자세로, 수직적 의지의 끝간데를 가리키는 것. 그 지시의 거리는 결코 채워지지 않는다. 그러나 채워지지 않기 때문에 그 자리는 누군가 뛰어들 터전이 된다. 이 터전이 그냥 텅 빈 터전일까? 보라, 내가 "만지고 싶다"고 생각한 저편에, 정말로 만지는 장면이 나온다. 물이 끝까지 올라간 곳에 "허공중에 분홍색 꽃이 한꺼번에 핀다." 지금까지의 독서를 통해 독자는 그 분홍색 꽃들이 결국 다시 시들어 떨어지고 말 것이라는 것을 잘 안다. 그런데 화자는 그 예감에 짐짓 무심한 척한다. 그 대신 화자는 그렇게 핀 "분홍색 꽃나무 한 그루 허공을 닦는다"고 쓴다. 분홍색 꽃나무는 더 솟아오르지도, 떨어지지도 않고 "분홍색 대걸레"로 변용되어 허공을 만지고 닦는다. "겨우내 텅 비었던 그곳이 몇나절 찬찬히 닦인다." 텅 비었던 그 자리에 환함의 자기력이 가득 들어찬다. 그 자기력이 견인하는 것은, 물론, 불법 주차한 자동차가 아니라, 시의 독자이다.

왜 이 시가 2부의 서시를 이루는가? 독자는 이 시를 통해 『불쌍한 사랑 기계』가 서시에서 서시로의 이행임을 알게 된다. 두번째 서시는, 그러나, 원-서시의 되풀이가 아니라, 서시의 해체 구축이다. 그 서시가 해체되고 다시 구축된 자리에 연출-연기의 복합적 존재로서의 화자가 물러나고, 자원 배우로서의 독자가 들어선다. 그 자리는 또한 까만 어둠이 물러가고, 환해지는 더러움이 들어선다.

김혜순 시의 다섯번째 무대는 독자가 연기해야 할 무대다. 그 무대는 결코 먹구름 위에 있지도 않고, 내부의 쥐가 옹크린 곳에서 열리지도 않는다. 그것은 바로 그가 그토록 현시하면서 동시에 절망하고 또 초월하고자 했던 "질척거리는 길"에서 열린다. 시인은 자신의 최종 임무를 그 질척거리는 길을 닦는 것으로 설정한다. 그 길에 발을 들여놓을 자는 그가 아니라, 독자이다. 그렇게 닦인 터전에 유혹된 독자를 시인은 잘 먹어치울 것이다. 그러니, 시집을 덮으며 되돌아볼 때 김혜순의 시들은 두루 "길을 주제로 한 식사"이다. 「길을 주제로 한 식사」 연작의 특이한 시집내 존재 형태는 그것과 연관이 있다. 이 연작은 우선 순서가 흐트러져 배열되어 있다. 그리고 1에서 5까지의 번호에서 제2번의 시가 빠져 있다. 그것은 어디에 있는가? 그것은 물론 착오가 아니다. 독자는 「너와 함께 쓴 시」가 연작이 아닌데도 번호 2를 달고 있다는 것을 보고서야 비로소 알게 된다. 길을 주제로 한 식사에 빈자리가 있고, 그 빈자리는 독자인 '너'가 들어와야만 채워지며, 재배열될 수 있다.

내 안에 있고, 내 바깥을 스치는 독자여, 시인의 저주는, 혹은, 호소는 완결되었다. 그의 망가진 이중 나선을 창조적으로 수리할 권리는 당신의 것이다. 당신의 관음증이 포만할수록 재앙은 바로 당신에게로 이월된다. 떨어지는 장대비를 맞는 것은 바로 당신이다. "무언가 썩은 냄새 한 뭉치"(「너와 함께 쓴 시 2」)가 재앙을 뒤집어쓴 당신을 유심히 들여다볼 것이다. 결코 종결되지 않을 저주처럼.